KB112074

시간을
멈추는
기술

하루에 하나, 좋은 시간을 찾는
100일간의 마음 연습

시간을
멈추는
기술

페드람 쇼자이 | Pedram Shojai 지음
박종성 옮김

WINNER'S BOOK

이 책은 언제나 시간 부족에 시달리는 우리의 비정상적인 삶을 소재로 한다. 우리는 늘 시간적 여유를 갈망하지만, 매번 별다른 결실을 거두지 못한 채 한 해를 보내곤 한다. 너무 피곤한 나머지 무엇인가에 대해 진득하게 생각하지 못하고, 언제나 바쁘고 해야 할 것이 많아서 무엇 하나에 제대로 집중하지 못한다. 결국, 이렇다 할 성과를 내지 못하고 아까운 시간만 하염없이 흘려보낸다. 한편으로는 사랑하는 사람들과 충분히 함께하지 못하는 데 죄책감을 품기도 한다. 우리가 항상 시간 부족을 호소하는 까닭은 시간 낭비를 용납하지 않는 사회에 살기 때문이다. 이러한 사회적 분위기 때문에 늘 스트레스를 받을 수밖에 없고, 시간이 흘러가는 것을 두려워하게 된다.

물론, 시간이 없다고 안절부절못하는 모습은 그 자체로 충분히 이해할 만하다. 시간은 곧 금이고 인생은 생각보다 짧기 때문이다. 이런 까닭에 사람들은 시간을 돈으로 사기도 한다. 돈을 들여서 의식주 문제를 해결하고 휴가를 보내며 아이들을 좋은 학교에 보낸다. 때로는 마치 지금이 아니면 영영 그런 시간을 누리지 못할 것처럼 돈을 펑펑 써대기도 한다.

시간을 의식하지 않고 살면 삶의 질은 떨어질 수밖에 없다. 문제가 생긴 뒤에 후회해봤자 소용없다. 지난 시간을 회상할 수는 있어도 결코 되돌릴 수는 없기 때문이다. 시간을 잘 다루지 못하면 목적이 뚜렷하지 않은 삶을 살게 되고 그저 이리저리 배회하며 허송세월하다가 결국 후회만 남기게 된다. 현대사회를 사는 우리는 시간이라는 숲에서 길을 잃고 정처 없이 헤매고 있다. 미래에 대해 곰곰이 생각해보거나 오늘 내린 결정이 앞날에 어떤 파문을 일으킬지 가늠해볼 여유가 없다.

이는 단지 개인의 문제뿐 아니라 사회적 문제이기도 하다. 오늘날의 모든 정치·환경 문제는 시간을 잘 다루지 못해 생겨난다. 우리의 행동이 미래에 어떤 결과를 몰고 올지 시간을 두고 깊이 사색해보지 않은 채 끊임없이 소비하고 환경을 더럽히기 때문이다.

시간 부족은 누구나 겪는 문제이지만, 이를 극복하기 위해 어떤 노력을 해야 하는지는 잘 알지 못한다. 이 책은 여러분이 시간을 잘 다룰 수 있도록 도와줄 것이다. 인생에서 진정 무엇이 중요한지를 하나하나 살펴보다 보면, 우리에게 주어진 소중한 시간을 어디에서 누구와 함께 보내야 할지 확실히 깨닫게 될 것이다. 엄청난 양의 정보와 기회가 널린 현대 사회에서 시간을 통제하고 관리해야 할 책임은 오롯이 우리에게 있다. 에너지와 돈 그리고 시간은 생각지도 못한 방식으로 서로 엮여 있다. 이제 나는 여러분에게 단순하고, 따라 하기 쉬우며, 이미 검증된 시간 관리 방법을 소개할 것이다.

나의 목표는 시간적 풍요로움Time Prosperity으로 여러분을 안내하는 것이다. 시간적 풍요로움이란 어떤 압박감이나 스트레스, 부담감, 서두름 없이 여러분이 바라는 것들을 이룰 시간을 갖는 것을 의미한다. 이를 통해 마음의 평화를 얻고 더 나은 의사 결정을 내릴 수 있으며, 사랑하는 사람들과 함께 더 많은 시간을 보내며 건강한 삶을 누릴 수 있다. 또한, 모든 일의 우선순위를 삶의 만족감과 성취감을 느끼는 방향으로 조정할 수 있다.

그렇다면 어떻게 해야 시간적 풍요로움을 누릴 수 있을까? 이제 여러분은 시간을 멈추는 기술을 배우게 될 것이다. 이 책은 예로부터 전해 내려오는 정신 수련법과 실용적인 기술들을 하나하나 소개한다. 이제 우리는 스케줄을 컨트롤하고, 시간 사용의 구분을 확실히 세움으로써 시간을 멈출 수 있게 될 것이다. 시간을 관리하는 힘을 기르는 데 필요한 수련이라고 생각하자.

나는 이 책을 통해 '100일간의 마음 연습' 방법에 대해서 자세히 소개하고자 한다. 매일 할당된 시간에 특정한 과제를 수행하고, 하나 또는 여러 가지를 선택해서 여러분의 과제로 삼아 오랜 기간 매일 꾸준히 따라 해보자. 그러면 삶을 변화시키겠다는 의지를 가질 수 있을 뿐 아니라 우리의 생활 방식이 어떤지 자세히 들여다볼 수 있다. 아주 조그맣고 사소한 습관들이 모여 삶의 모습을 만든다. 작고 단순한 변화지만 오랫동안 반복하다 보면 결국 크나큰 발전을 이루고 잘못된 습관들을 고쳐나가다 보면 더욱 멋진 삶이 펼쳐진다. 그런 의미에서 이 수련 방법은 아주 강력하다. 이를 통해 개선해야 할 포인트를 발견하고 개선하겠다는 의지를 불태울 수 있을 뿐 아니라, 규칙적으로 훈련할 수 있기 때문이다. 이 수련을 한다는 것은 그동안의 관성에서 벗어나 더욱 나은 삶을 살아야겠다는 뚜렷한 의식을 갖게 해주는 자기애적 행위다. 수련하면 할수록 더욱 많은 것을 깨닫고 더 나은 삶을 누릴 수 있다.

좋은 습관을 완전히 몸에 붙이기까지는 최소 90일 정도가 필요하기 때문에, 나 역시 100일 동안 수련하게 하는 것이 가장 적절하다고 판단했다. 새로운 습관을 기르기 위해 100일간 의식을 치른다고 생각하면 된다. 잘못된 습관에서 벗어나고 새롭게 변화하기 위해서는 이러한 의식이 필요하다. 그런데 아마 내가 많은 것을 요구하면 보탬이 되기는커녕 혼란을 줄 수 있을 것이다. 여러분은 이미 너무나 바쁜 일상을 살기 때문이다. 따라서 여러분이 이미 하는 일의 효율을 높일 수 있도록 매일 더 많은 시간과 에너지를 확보하게 할 생각이다. 그리고 여러분 자신의 내면을 살피고 몸과 마음의 긴장을 풀 수 있도록 돕고, 더 나은 생활 방식을 알려주며 현재 여러분이 가진 잘못된 습관을 조금씩 고쳐나갈 수 있도록 지원할 것이다. 매일 조금씩 수련해나가다 보면 생활 습관을 점차 개선해나갈 수 있다.

내용 중에는 금방 자신의 것으로 익힐 수 있는 경우가 있는가 하면 그렇지 않은 경우도 있을 것이다. 그래도 상관없다. 중요한 것은 이 과정을 통해 그동안 잃어버린 시간을 천천히 그리고 자연스럽게 되찾으며 삶의 에너지와 열정을 더욱 끌어올리는 것이다. 이 책의 내용을 부분적으로 살펴보는 것도 좋지만 100일간 꾸준히 수련하다 보면 여러분의 시간, 에너지, 돈, 사람들, 인생 자체와의 관계는 근본적으로 달라질 것이다.

이제 짤막한 챕터들을 통해 매일 익히고 직접 행해야 할 수련이 무엇인지 차근차근 안내할 것이다. 이 중 몇몇 챕터는 시간이 있으면 해보고 싶었을 활동에 초점을 맞추고, 또 어떤 챕터는 잃어버린 시간을 되찾는 데 필요한 방법을 다룬다. 앞으로 100일 후, 여러분의 삶은 완전히 달라질 것이다. 그리고 여러분의 시간, 즉 인생과의 관계도 더욱 좋아질 것이다.

이 책을 활용하는 바람직한 방법은 앞으로 100일 동안(그렇다, 오늘부터 바로 시작하면 된다!) 처음부터 끝까지 가볍게 읽어나가면서 그날그날 수련해보는 것이다. 그러다 보면 다른 내용보다 유독 크게 공감할 만한 내용도 만나게 될 것이다. 그럴수록 여러분은 더욱 큰 깨달음을 얻게 되고, 그 내용과 관련된 습관도 근본적으로 개선할 수 있다. 그런가 하면 또 어떤 날에는 공감이 덜 되거나 수련을 하더라도 몸에 잘 붙지 않을 때도 있을 것이다. 그래도 상관없다. 매일매일 조금씩 수련하면서 어떤 습관들이 몸에 붙는지 살펴보고 이 모든 과정을 노트에 기록해보자. 생각나는 것들을 종이에 적고 동그라미도 쳐보자. 이는 좋은 습관들을 자신의 것으로 만드는 데 꼭 필요한 과정이다. 그리고 그렇게 하다 보면 여러분이 타고난 지혜를 끌어낼 수 있다. 그러니 반드시 메모해두자.

이 책의 내용대로 100일 동안 연습해본 다음에는, 매일 아무 페이지나 펼쳐보기를 권한다. 책을 들고 다니다가 아무 장이나 무작위로 펴서 매일 한 가지씩 실천해보는 것이다. 이 책을 일독一讀하는 동안 모든 연습을 한 번씩은 해보게 될 테니, 그 이후에는 어느 페이지를 펼치든 한 번 더 반복할 기회를 얻게 되는 것이다. 반복할 때쯤 여러분은 이미 지금과는 다른 사람이 되어 있을 것이며 자신의 삶에 대해서 많은 것을 깨닫게 될 것이다.

자, 이제 본격적으로 수련을 시작해보자. 나도 100일간 여러분과 함께할 것이다. 바로 오늘부터 말이다!

매일 잘 실천하는지 체크해주세요

10	1	2	3	4	5	6	7	8	9	10
20	11	12	13	14	15	16	17	18	19	20
30	21	22	23	24	25	26	27	28	29	30
40	31	32	33	34	35	36	37	38	39	40
50	41	42	43	44	45	46	47	48	49	50
60	51	52	53	54	55	56	57	58	59	60
70	61	62	63	64	65	66	67	68	69	70
80	71	72	73	74	75	76	77	78	79	80
90	81	82	83	84	85	86	87	88	89	90
100	91	92	93	94	95	96	97	98	99	100

CONTENTS

들어가며   005

Day 1   인생 정원 가꾸기   016

Day 2   감사하는 마음 갖기   019

Day 3   온몸으로 자연 느끼기   022

Day 4   이메일 타임 만들기   025

Day 5   쉬어가기   028

Day 6   불안의 원인 파악하기   030

Day 7   나를 위한 시간 마련하기   033

Day 8   효율적으로 운동하기   036

Day 9   생각을 정리할 시간 갖기   039

Day 10   앉아 있는 시간 줄이기   041

Day 11   꿈 일기 쓰기   044

Day 12   버리기   046

Day 13   한 가지 일에만 몰입하기   049

Day 14   상처와 마주하기   052

Day 15   올바른 식사 습관 갖기   055

Day 16   시간의 흐름 제어하기   058

Day 17   아무것도 하지 않기   060

Day 18   급브레이크 밟듯 잠들지 않기   063

Day 19   시간 흡혈귀 물리치기   066

Day 20   가슴 설레는 일에 도전하기   069

Day 21   가족과 함께하기   071

Day 22   삼키기 전에 충분히 음미하기   073

Day 23	불필요한 정보 거르기	075
Day 24	무뎌진 감각 되살리기	078
Day 25	To-do list의 현실성 점검하기	080
Day 26	집중할 수 있을 때 중요한 일 끝내기	083
Day 27	잃어버린 시간 되찾기	085
Day 28	적절한 페이스 유지하기	087
Day 29	미래의 나에게 묻기	090
Day 30	자연의 이치 깨닫기	093
Day 31	충분히 생각하기	095
Day 32	소음에 귀 기울이기	097
Day 33	규칙적으로, 자주, 짧게 쉬기	100
Day 34	미소 짓기	103
Day 35	관성에서 벗어나기	105
Day 36	쓸데없는 일 잘라내기	107
Day 37	업무 환경에 변화 주기	110
Day 38	몽상에 잠기기	112
Day 39	시간 사용 내역 점검하기	115
Day 40	자본이 스스로 일하게 하기	117
Day 41	기도하기	119
Day 42	분위기 이끌어가기	122
Day 43	소비 습관 개선하기	125
Day 44	걷기	128
Day 45	지금, 이곳을 만끽하기	131
Day 46	잡초 뽑기	134
Day 47	공백의 가치 이해하기	137
Day 48	가족에게 충실하기	139
Day 49	기술의 노예가 되지 않기	142

Day 50   삶에 유익한 의식을 습관으로 삼기   144

Day 51   천천히 사랑 나누기   146

Day 52   통화 시간 줄이기   148

Day 53   에너지의 원천 관리하기   151

Day 54   소셜 미디어와 거리 두기   153

Day 55   다섯 번씩 심호흡하기   156

Day 56   온몸을 이완하기   159

Day 57   계절 느끼기   162

Day 58   성급히 결정하지 않기   164

Day 59   땀 흘리기   167

Day 60   햇볕 쬐기   169

Day 61   차 한 잔의 여유 즐기기   171

Day 62   불 바라보기   174

Day 63   빛의 변화 향유하기   177

Day 64   맨발로 걷기   180

Day 65   무한함 맛보기   182

Day 66   인생의 나이테 들여다보기   184

Day 67   나만의 발자취 남기기   187

Day 68   침실 정리하기   190

Day 69   남은 심장 박동 수 의식하기   193

Day 70   욕조에 몸 담그기   196

Day 71   격렬하게 운동하기   199

Day 72   어둠으로 힐링하기   202

Day 73   도움 요청하기   205

Day 74   호숫가에서 시간 보내기   208

Day 75   새들의 노래 듣기   211

Day 76   운전 시간 100퍼센트 활용하기   214

Day 77	오래 걷기	216
Day 78	나무와 어울리기	218
Day 79	버킷리스트 정리하기	221
Day 80	내 몸 돌보기	224
Day 81	침묵하기	227
Day 82	휴가 제대로 즐기기	230
Day 83	달빛 아래 세상 바라보기	232
Day 84	동물의 흔적 찾아보기	234
Day 85	되돌아보기	236
Day 86	책 읽기	239
Day 87	습관적으로 군것질하지 않기	241
Day 88	이웃과 함께하기	244
Day 89	완벽한 휴식을 꿈꾸기	247
Day 90	자신의 내면을 들여다보기	250
Day 91	스트레칭하기	253
Day 92	과거의 상처 치유하기	256
Day 93	자연 친화적인 생활 습관 기르기	259
Day 94	진정한 나를 발견하기	262
Day 95	창의력 발휘하기	265
Day 96	우주의 광활함 깨닫기	268
Day 97	시선 맞추기	271
Day 98	따분함 극복하기	274
Day 99	기다림에 대한 관점 바꾸기	277
Day 100	시간 투자 효과 극대화하기	279

| 나가며 | 282 |
| 감사의 글 | 285 |

DAY

1

인생 정원 가꾸기

오늘은 인생을 자연에 비유해보려 한다. 여러분의 인생이 화초
와 나무가 자라는 정원garden이라고 상상해보자. 알다시피 화초
를 가꾸기 위해서는 물과 일정한 공간이 필요한데, 둘 다 무한
하지는 않다. 게다가 화초 중에는 면적을 많이 차지하면서도
유독 관심 가는 녀석이 있는가 하면 딱히 마음에 들진 않아도
왠지 꼭 그 자리에 있어야 할 것 같은 녀석도 있다.

먼저 정원의 화초들은 어떤 계기로 그곳에 뿌리내리게 되
었고, 이 중에서 꼭 필요한 것은 무엇인지 생각해보자. 중요하
다고 생각되는 것들을 나열한 뒤에는 모두 다 잘 길러내려면
에너지가 얼마큼 필요할지 가늠해보자. 여기서 에너지란 화초
에 뿌려줄 물이라고 생각하면 된다. 아니면 시간, 노력, 의지,
관심이라는 말로 바꿔도 좋다. 화초 한 포기 한 포기를 잘 가꿔
내려면 무엇이 얼마나 필요할까?

개중에는 유난히 손이 많이 가는 녀석이 있다는 점도 반드시 염두에 둬야 한다. 예를 들어, 새 차를 사려면 돈이 필요하다. 구매 자금을 마련하려면 돈을 벌어오거나(즉, 물을 길어오거나) 가족의 생활비나 그 외의 다른 용도로 쓰려고 모아둔 돈으로 충당해야 한다. 가치 있다고 판단되는 대상이 과연 얼마나 많은 물(시간, 에너지, 관심, 돈, 집중력)이 필요할지 냉정하게 따져보자. 어느 한 화초에 물을 주는 동안 다른 화초가 시들어버리지 않게 잘 관리할 수 있는가?

이제 꾸준히 물을 주며 세심히 관리해야 할 화초가 몇 포기나 되는지 현실적으로 살펴보자. 다섯 포기에서 열 포기 정도라면 그것으로 충분하다. 새로운 화초는 더 심지 말고, 애지중지하는 화초에 공급되어야 할 영양분까지 몽땅 빨아들이는 잡초가 있다면 뽑아버리자. 잡초를 골라내기란 절대 쉬운 일은 아니지만, 반드시 해야만 하는 일이다. 새로운 화초를 무분별하게 심고 그 화초들에 물을 주다 보면 한때 소중히 여겼던 화초를 돌볼 겨를이 없다. 왠지 여러분 이야기처럼 들리진 않는가? 관리할 수 있을 만큼의 화초만 심고 불필요한 잡초는 뽑아내다 보면, 생각하는 힘을 키울 수 있다. 이제 마음속에 인생 정원을 꾸민 뒤 새로운 화초가 눈에 띌 때마다 과연 정원에 심어도 괜찮을지 솔직한 자세로 잘 판단해보자.

- 기존에 기르던 화초와 비슷한 종류인가?
- 다른 화초가 먹어야 할 물을 얼마나 빼앗아갈까?

- 혹시 다른 화초에 피해를 주지는 않을까?

- 그동안 길러본 적 없는 새로운 종류인가?

- 이 화초에 뿌려줄 물은 어디서 충당해야 할까?

- 한정된 자원을 효과적으로 배분하고 있는가?

그런데 지금 가진 물의 양이 한정되어 있다면 어떻게 해야 각각의 화초에 물을 적절히 배분할 수 있을까? 여러분이 정말 중요하다고 여기는 것이 무엇인지 명확하게 정리한 뒤, 정말 중요한 것에 더 많은 자원을 투입하고 있는지 판단해보자. 그리고 일치하지 않는 부분이 있다면 조정해나가자.

이처럼 인생을 정원으로 비유하면 중요하게 여기는 대상에 상대적으로 많은 시간과 에너지를 쏟아야 함을 알 수 있다. 이렇게 하면 중요하지 않은 대상에 대해서는 힘을 뺄 수 있고, 해야 할 일을 하지 못해서 스트레스받거나 후회할 일도 없다. 목표에 맞는 실행 계획을 세울수록 집중력과 의지력이라는 한정된 자원을 더욱 효과적으로 활용할 수 있다.

DAY

2

감사하는 마음 갖기

오늘은 우리가 가진 것에 감사하는 시간을 가져보자. '감사하기'는 우리 몸에 좋은 약이자 유익한 시간을 보낼 수 있는 좋은 방법이다. 이는 스트레스를 덜어줄 뿐 아니라 긍정의 에너지를 샘솟게 하며, 인생을 바라보는 훌륭한 관점을 만들어준다.

먼저 마지막으로 감사하는 마음을 가져본 적이 언제인지 생각해보자. 감사하기를 생활화하면 건강을 유지하는 데 도움이 될 뿐 아니라 긍정과 희망으로 가득 찬 세계관을 가질 수 있다. 이미 많은 연구에서 감사할 줄 아는 사람이 그렇지 않은 사람보다 언제나 행복 지수가 높다는 것이 증명되었다. 우울함을 느끼는 사람들에게서 흔히 볼 수 있는 현상 중에 쌓아두기 stacking 라는 것이 있다. 쌓아두기란 뭔가 안 좋은 일을 겪으면 예전에 경험했던 여러 가지 '불상사'와 한데 엮어 부정적인 이야기를 새로 만들어내는 것을 의미한다. 예를 들어 발가락을 모서리에 부딪쳤다거나 휴대폰을 바닥에 떨어뜨렸다고 해보자. 좋지 않은 기억들을 쌓아두는 사람들은 이렇게 이야기한다. "난 항상 이렇다니까. 재수도 더럽게 없어요. 전에는 발을 헛디디는 바람에 넘어졌는데 창피해 죽는 줄 알았어." 이런 사람들은 청구서 한 장이 날아와도 자신이 받는 온갖 경제적 고통을 호소하고, 좋아하는 스포츠팀이 패배하는 것처럼 아주 사소한 일을 경험해도 자신이 잘못된 배우자를 만나는 바람에 얼마나 고생하고 있는지를 한껏 토해낸다. 잘 생각해보면 이런 모습은 우리 주변에서 어렵지 않게 찾아볼 수 있다. 이러한 사고방식은 '망할 놈의 인생'이라는 부정의 늪으로 계속해서 빨려 들어가게 하고, 결국에는 인생을 살아가는 재미를 느끼지 못하게 한다.

감사하기란 이런 부정적인 흐름에서 벗어나게 해주는 아주 좋은 주제이다. 그러니 당장 오늘부터 실천해보자. 종이든 휴대폰이든 집어 들고 고마움을 느끼는 그 모든 대상을 하나하나 적어보자. 어렵게 생각하지 않아도 된다. 아이들, 고양이, 성취한 것, 최근에 먹은 맛있는 점심, 하늘에 떠 있는 구름 등 어떤 것이든 상관없다. 조금 유치해 보이더라도 최소 10분간은 멈추지 말고 계속 적어 내려가보자. 어떤 항목은 깊이 생각할 것도 없이 순식간에 떠오르기도 할 것이다. 그래도 상관없다. 감사해야 할 대상을 떠올리는 행위는 마음의 상처를 치유해줄 뿐 아니라 정신적으로도 큰 가치가 있다.

리스트를 완성한 뒤에는 어떤 기분이 드는지 스스로 묻고

답해보자. 리스트를 작성하기 전에는 어떤 기분이었고 작성한 뒤에는 어떻게 달라졌는가? 차이가 있으면 적어보고 온종일 리스트를 들고 다니면서 틈날 때마다 읽어보자. 그러다 관심 가는 항목이 눈에 띄면 그에 대해 감사하는 마음을 가슴속에 가득 채워보자. 어떤 항목이 됐든 감사가 주는 따사로운 온기를 한껏 쬐고 가슴속까지 깊이 스며들게 하자.

오늘 하루를 마무리할 때는 아침에 어떤 기분이었는지 떠올려보고 지금 기분은 어떤지 생각해보자. 차이가 느껴지는가? 미묘하기는 해도 분명 차이가 있을 것이다. 효과를 실감했다면 내일도 마찬가지로 리스트를 갖고 다니면서 계속 적어 내려가자. 새로운 항목이 떠오를 때마다 추가해서 리스트를 계속 늘려가보자. 이를 거듭할수록 더 큰 도움이 될 것이고, 더 나아가서는 여러분의 인생은 물론 세상을 바라보는 태도 또한 크게 바뀌게 될 것이다. 또한 마음속에서 일렁이던 갈등을 해소할 수 있을 뿐 아니라 예전보다 더 행복한 삶을 누리는 데에도 도움이 될 것이다.

DAY

3

온몸으로 자연 느끼기

오늘 여러분이 해야 할 일은 간단하다. 밖으로 나가서 자연의 가르침을 받는 것이다. 자연은 이 세상 최고의 선생님이다. 한 상태에서 다른 상태로 주기적이고 반복적으로 변화하는 자연의 모습을 바라보다 보면 여러 가지 깨달음을 얻을 수 있다. 따뜻함과 차가움, 밝고 어두움은 서로 완벽한 균형을 이루고, 새 생명이 태어나고 오래된 것은 스러지며 성장과 쇠퇴가 끊임없이 반복된다. 자연은 우리에게 필요한 모든 지혜를 품고 있으며 그것을 숨김없이 드러낸다. 단지 우리가 보지 않을 뿐이다.

　오늘은 밖으로 나가서 자연을 벗 삼아 조용히 시간을 보내보자. 공원, 회사 건물, 뒤뜰 모두 상관없다. 지금 머무는 곳이 어디든 관심을 두고 찾아보면 자연의 모습을 닮은 장소를 발견할 수 있을 것이다. 해당 장소에 도착했다면 편안한 곳에 앉아서 아랫배까지 공기를 채운다는 생각으로 심호흡해보자. 그런 뒤에는 숨을 천천히 고르면서 주변에서 들려오는 모든 소리에 귀를 기울여보자. 얼굴에 와 닿는 바람결을 느끼며 신발을 벗고 발가락으로 흙을 더듬어보자. 만약 시간상으로 여유가 있다면 발을 진흙에 담가보거나 해변의 모래 속에 묻으며 마음속에 쌓던 세상과의 벽을 과감히 허물고 자연의 위대한 숨결을 오감으로 느껴보자. 주변에 서 있는 나무와 발밑의 자갈들은 어디서 왔으며, 어떻게 이곳까지 오게 됐을까?

이제 발밑에 있는 흙을 들여다보자. 아주 오래전에 어떤 곰팡이가 점점 자라 바위를 부식시켜 흙을 만들었을 것이다. 그리고 박테리아, 단세포 생물, 선충, 그리고 그 밖의 여러 생명체의 활동으로 흙은 점차 비옥한 토양으로 변했을 것이다. 식물은 토양에 비축된 무기물을 빨아들여 자신들의 왕국을 탄생시켰고 전 세계로 퍼졌다. 이후 식물은 햇볕을 받아서 에너지를 생산할 수 있는 형태로 진화했고 그렇게 만든 에너지는 탄수화물의 형태로 저장했다. 이는 동물의 좋은 먹잇감이 되었고 그렇게 수백만 년이 흘러 여러분이 태어났다. 다시 말해 발밑에 있는 미생물들은 엄청나게 긴 여정을 거쳐 식물을 통해 오늘날 여러분이 태양 에너지를 소비할 수 있게 해준 것이다. 고기를 섭취하는 것 또한 희생된 동물이 섭취한 식물 속 태양 에너지를 획득하는 행위이다.

생명체는 주위 어디에든 존재한다. 지금 이 책을 읽는 순간에도 여러분은 수백만 마리의 박테리아와 바이러스를 몸속으로 한껏 빨아들이고 있다. 이들은 피부의 주름이나 땀샘 주위에서도 쉽게 발견되는데, 주위 환경과 자연스럽게 상호작용할 수 있도록 도울 뿐 아니라 침입자의 공격도 막아준다. 미생물은 몸속 생태계의 일부이며 여러분 또한 지구 생태계의 일부이다. 단지 의식하지 못하는 것일 뿐 수백, 수천만 마리의 생물과 늘 함께 살아간다.

자연이 들려주는 아름다운 교향곡을 감상하며 그 경이로운 규모를 온몸으로 실감해보자. 어떻게 보면 여러분의 몸속과 살갗에서 살아가는 미생물에게 여러분은 우주 그 자체다. 그리고 또 다른 측면에서 보면 여러분은 은하의 가장자리에 위치한 어느 별 위의 티끌과 같은 존재이기도 하다. 이처럼 여러분은 미시세계와 거시세계의 중간 지점에 서 있다. 그리고 그곳에서는 무수히 많은 것이 만남과 헤어짐을 반복한다. 이 모든 것을 느껴볼 유일한 방법은 마음을 열고 그 경이로운 자연의 세계로 흠뻑 빠져드는 것이다. 이를 통해 우리는 이제 사소한 문제에 집착하지 않고, 예전보다 더욱 큰 틀에서 세상만사를 바라보게 될 것이다.

자연을 온몸으로 느낄 때 비로소 여러분은 자기 본연의 모습으로 돌아갈 수 있다. 자, 본래 모습을 찾은 뒤에는 무엇을 해보고 싶은가?

DAY

4

이메일 타임 만들기

이메일은 우리 일상에서 매우 중요한 커뮤니케이션 수단이다. 파일을 손쉽게 첨부할 수 있고 시간과 공간에 얽매이지 않는다는 장점을 갖춘 덕분에 비즈니스의 새로운 표준으로 빠르게 부상했다. 현대 사회에서 이메일은 다른 사람들과 협업하고 교류하는 데 필수불가결한 요소가 되었다. 문제는 이메일을 처리하느라 흘려보내는 시간의 양膜이다. 기술은 원래 편리하고 윤택한 삶을 살기 위해 만들어낸 도구에 불과하지만, 현대인들은 기술의 노예와도 같은 일상을 보내고 있다. 우리는 매일 하루가 멀다고 엄청나게 밀려드는 이메일을 처리하느라 골머리를 앓는다.

오늘은 이 문제에 관해서 이야기해보려 한다. 새로운 메일이 도착했다고 스마트폰이나 컴퓨터에서 알림 메시지가 뜰 때마다 열어보는 것은 바람직하지 않다. 일일이 대응하다 보면 당장 하는 일에 제대로 집중할 수 없어 업무 생산성이 크게 저하된다. 주의를 이리저리 분산할 때마다 업무를 처리하는 데 필요한 탄력과 집중력을 잃게 되기 때문이다. 따라서 오로지 이메일만 처리하는 시간(이메일 타임)을 별도로 둘 필요가 있다. 점심 무렵이나 오후 늦게 시간을 정하고 처리해야 할 메일의 양에 따라 30분에서 60분 정도 할애하면 된다. 오전에는 새로 들어온 메일을 빠르게 훑어보고 5분 이내에 처리할 수 있는 것은 바로 회신하자. 한편 나중에 다시 살펴볼 필요가 있는 중요하거나 장문의 메일은 별도의 표시를 해놓고, 그 외의 불필요한 메일은 삭제하거나 스팸으로 처리하자. 그러고 나서 오후에는 따로 분류해놓았던 중요하거나 내용이 긴 메일을 자세히 읽고 답장을 보내자. 또 현재 이용하는 이메일 서비스나 프로그램의 기능을 활용하여 원하지 않는 메일은 스팸으로 분류하는 습관을 기르면 받은 편지함을 평소에 깨끗하게 관리할 수 있다. 스팸 메일이 들어오지 못하도록 원천 봉쇄해서 에너지를 갉아먹는 요인을 제거하고, 시간을 투입할 가치가 있는 커뮤니케이션에만 오롯이 신경 쓰자.

이메일 타임의 핵심은 해당 소요 시간을 정하고, 그때그때 깔끔하게 소통해서 한번 처리한 메일을 다시 들여다보는 일이 없도록 하는 것이다. 이렇게 하면 미처 읽지 못했거나 답장을 쓰다가 만 메일들 때문에 골머리를 앓을 필요가 없어 다른 업무에 더욱 오랫동안 몰입할 수 있다. 다른 업무를 할 때는 이메일은 머릿속에서 지운 뒤 일단 그 일에만 집중하고, 메일 도착

알람이 울리더라도 오로지 앞만 보자.

오늘 하루 일정을 조정해서라도 이메일 타임을 만들고, 내일과 모레도 꾸준히 실천해보자. 이렇게 몇 주 동안 반복하면서 습관으로 정착시키면 삶이 한층 더 나아졌음을 실감하게 될 것이다. 아무리 메일 내용이 궁금하더라도 아무 때나 무분별하게 확인하지 않도록 특히 주의를 기울이자. 계획한 대로 잘 실천하더라도 때로는 상대방이 빨리 답장해달라고 독촉하는 경우도 있을 것이다. 이럴 때는 어쩔 수 없다. 여러분에게 요구되는 일들을 제때 잘 처리하는 것도 중요하기 때문이다.

오늘 수련의 핵심은 하루를 효율적으로 보내도록 잘 설계하면 더 좋은 성과를 낼 수 있고 자신을 위한 여유 시간도 더 많이 확보할 수 있다는 것이다.

DAY

5

쉬어가기

살다 보면 엄청나게 바쁜 날도 있고 여유로운 날도 있다. 누구에게나 지켜야 할 마감 날짜가 있고 또 짧은 시간 내에 많은 일을 해결해야만 하는 시기도 여러 번 생긴다. 이런 상황에서 자신을 어떻게 보호해야 할지 알아야 그 시간을 즐거움과 활력으로 가득 채울 수 있다. 하지만 계속해서 전력 질주만 하고 완급 조절을 하지 않는다면 결국 번아웃 증후군burnout syndrome을 겪고 만다. 이는 우리가 흔히 범하는 실수다. 다람쥐 쳇바퀴 같은 삶에서 잠시라도 벗어나면 예전보다 더욱 건강한 삶을 누릴 수 있다. 현재 전력 질주하는 삶에 매여 있다면, 생활 리듬을 신중히 살피고 언제 속도를 낮춰야 할지 알아야 한다.

이제 여러분의 바쁜 삶을 큰 틀에서 한번 살펴보자. 여러분은 지금 '막판 스퍼트'를 위해 모든 것을 쏟아부어야 하는 상황인가, 아니면 체력 안배를 위해 에너지를 충전하며 적당한 속도로 달려야 하는 상황인가?

여기서 고려해야 할 것은 현재 여러분이 가진 에너지 수준이다. 제일 낮은 수준이 1, 높은 수준이 10이라고 하자. 단, 이때 여러분의 의지는 일단 덜어내고 실제 점수가 몇 점인지를 생각해야 한다. 우리는 언제나 할 수 있다는 의지로 매사를 강하게 밀어붙이고 자신을 풀가동한다. 그리고 그 과정에서 몸과 마음 그리고 인간관계는 혹독한 대가를 치른다. 현재 에너지 수준을 솔직하게 평가하면 몇 점 정도 되는가?

오늘은 30분 정도 시간을 비워서 여러분이 하고 싶은 것을 해보자. 지쳐서 낮잠을 자도 좋다. 그리고 앞으로도 삶의 균형을 찾으려면 또 무엇이 필요한지 계속해서 생각해보자. 종종 하루 정도 시간을 내서 도시를 벗어나 한숨 돌리고 오는 것도 좋다. 또, 명상을 통해 조금 느리게 사는 방법을 익힐 필요도 있다. 우리는 각자 다른 삶을 살고 있기 때문에 삶의 균형을 찾는 데 필요한 처방도 각기 다르다. 여러분에게 맞는 처방은 무엇일지 생각해보자.

현재 에너지 수준을 객관적으로 평가했고 어떻게 해야 잃어버린 에너지를 되찾을 수 있을지 깨달았다면, 이제는 휴식을 취해야 할 날을 정해 다이어리에 표시해보자. 여러분에게 필요한 것이라면 어떤 내용이든 좋으니, 날짜를 정하고 반드시 지키자. 건강한 몸과 마음으로 인생을 살아가려면 에너지가 필요하다.

DAY

6

불안의 원인 파악하기

어떤 결과를 얻기 위해서는 그 전에 수많은 노력이 필요하다. 이 때문에 우리는 자주 초조하고 불안한 시간을 보내고, 기대했다가 결국 좌절을 맛보는 일을 반복적으로 경험한다. 그런데 이 시간을 괴로운 경험으로 치부하지 않고 무엇인가를 배울 기회로 삼으려면 어떻게 해야 할까?

불안감이란 결국 마음속에 응축된 온갖 느낌이 한데 어우러지면서 초래되는 감정이다. 그렇다면 그 메커니즘을 제대로 이해하여 오히려 성장할 수 있는 발판으로 삼아보는 것은 어떨까?

불안하고 초조할수록 시간은 빨리 가는 법이다. 또 불안으로 호전적인 감정이나 회피 욕구, 공황 증세 등이 유발되며 내장기관의 기능, 면역 체계, 소화 계통에 문제가 생길 수 있다. 또 불안은 고차원적인 사고를 저해하기도 한다. 우리는 불안함과 초조함을 이미 충분히 겪어봤다. 그러나 이제부터는 자기 자신을 더 잘 이해하는 기회로 삼아보자.

오늘은 생각날 때마다 자신의 기분을 체크해서 혹시 불안함을 느끼고 있는 건 아닌지 확인해보자. '나는 지금 뭔가 불안해하고 있는가?'라는 말을 틈날 때마다 주문처럼 외면서 기분이 어떤지 계속 살펴보자. 그러다가 '불안'이라는 딱지를 붙일 수 있을 만한 감정 상태가 되면 그때부터 본론으로 들어가면 된다. '약간 불안'하거나 '마음의 동요'가 느껴진다면 오늘의 수련에 들어가기에 아주 좋은 상태이다. 이때 중요한 것은 지금의 감정이 어땠는지 나중에 다시 돌아볼 수 있도록 어느 정도의 데이터를 확보하는 것이다. 자신이 불안함을 느낀다고 판단했다면 이제부터는 무엇을 해야 할까? 다음과 같은 몇 가지 질문을 자신에게 던져보자.

- 어떤 느낌이 드는가?
- 느낌의 강도가 어느 정도인지 1점부터 10점까지 점수를 매겨 보자.
- 이와 같은 불안한 감정은 어디에서 왔는가?
- 불안한 감정을 만드는 생각, 대화를 하였는가?
- 언제 시작됐는가?
- 비슷한 상황에서 자주 불안함을 느끼는가?
- 이런 감정이 내게 무슨 도움이 되는가?

이제 자신이 불안함을 느끼는 방식을 인정하고 아랫배까지 깊숙이 숨을 들이쉰다는 느낌으로 10번 심호흡을 하자. 그 다음 미소를 띠고 원하는 대로 기지개를 켜보자. 이렇게 하고 나니 불안감이 좀 누그러졌는가? 지금은 어떤 느낌이 드는가?

오늘의 도전 과제는 불안한 감정에 휩싸였을 때 그 감정에서 언제든 신속히 빠져나올 수 있도록 원인이 무엇인지 냉정하게 판단해보는 것이다. 그 이유가 무엇인지 분명하게 이해할수록 부정적인 감정에서 빨리 벗어날 수 있다. 그리고 이 과정을 반복하다 보면 나중에는 애초부터 그런 불안함에 빠지는 일이 없게 될 것이다.

나를 위한 시간 마련하기

오늘 해야 할 일은 단순하다. 여러분이 자신을 위해서 하고 싶은 모든 것에 대한 목록을 만들어보는 것이다. 리스트에는 여러분이 하고 싶은 어떤 것이든 포함해야 한다.

다 적은 뒤에는 목록을 쭉 훑어보면서 필요한 내용이 모두 들어갔는지 살펴보고 자신을 위한 일들을 모두 반영했는지 확인하자. 그다음으로 목록에 있는 것들을 실행하면 더욱 만족할 만한 인생을 누릴 수 있을지 생각해보자. 이것들을 실행하면 에너지를 충전하고 마음의 안정을 찾으며 더 건강하고 행복할 수 있을까? 더 추가되어야 할 것이 있으면 마저 적고 그다음에는 중요도를 기준으로 항목을 분류하자. 가장 중요한 항목은 목록의 맨 위로 올리고 그다음 중요한 것들이 그 밑으로 오게 하면 된다.

이제 빠르게 현실성을 점검해보자. 다이어리를 열고 이번

주 스케줄을 확인하자(이번 주에는 평소와는 아주 다른 무언가를 해야 한다면 평균에 가까운 다른 주 스케줄을 살펴보자). 어떤 항목들이 들어가 있으며, 적어둔 리스트에서 몇 개 항목이 일정에 반영되어 있는지를 확인하자.

우리는 보통 자신만을 위해 해야 할 일은 일정에 표시하지 않는다. 이는 자신의 내면을 풍요롭게 해줄 항목들은 우선시하지 않는다는 것을 의미한다. 이제 여러분과 여러분 인생에 중요한 항목을 일정에 반드시 반영하기로 하자.

이 세상은 여러분이 쉴 틈 없이 바쁘게 보낼 수 있도록 엄청나게 많은 물건과 놀 거리, 일거리를 쉴 새 없이 쏟아낸다. 따라서 직접 개입해서 조정하지 않는 한 여러분의 스케줄은 주변에서 벌어지는 수많은 일로 금방 가득 차버리고 만다. 이제는 다른 일들에 침범당해서 중요하다고 생각하는 것들을 할 수 없게 되는 일이 없도록 노력해야 한다.

오늘은 여러분이 정리한 목록을 살펴본 뒤, 중요하다고 생각하는 일이 일정에 반영될 수 있도록 기존 스케줄을 살펴보면서 몇 가지 일정을 덜어내거나 해치워버리자. 어떻게 해야 목록에 있는 항목들을 스케줄에 반영해서 여러분 자신만을 위한 시간을 보낼 수 있을까? 운동할 시간, 가족과 통화할 시간, 개인적인 시간은 스케줄상 어느 지점에 끼워 넣어야 부족함을 느끼지 않을 것인가? 여기서 핵심은 여러분의 속도를 적절히 관리하는 것이다. 자신만을 위한 시간을 다음으로 미루다 보면 결국 그런 시간을 보낼 수 있는 날은 영원히 오지 않는다. 매일 균형 잡힌 삶을 살면서 장기적으로 행복한 인생을 누리기 위해서는 결국 여러분 자신만을 위해 쓸 시간을 고정적으로 배치해야 한다.

오늘은 여러분에게 정말 중요한 일을 할 수 있도록 일정에 분명하게 반영해놓자. 당분간 다른 일정으로 꽉 차 있거나 하는 경우에는 적절한 위치를 찾기가 쉽지 않을 수도 있고 시점을 좀 미뤄야 할 수도 있다. 그렇다면 일단 언제부터 하겠다고 일정을 못 박기라도 하자. 그렇다고 해서 여러분을 위한 일에만 너무 신경 쓰느라 해야 할 일을 소홀히 처리하지 않도록 양쪽 균형을 잘 유지해나가자.

이번 수련에서 반드시 해야 할 것은 여러분에게 필요한 것을 생각해 보고 일정에 반영하는 것이다. 그러나 여러분 자신을 위해서 따로 빼놓은 시간을 잘 지키지 않는다면 아무 소용없는 일이 되고 만다. 어떤 일을 하려고 하는데 시간이 없는 것 같으면 개인적인 시간을 보내려고 따로 빼놓은 시간을 취소하기 쉽다. 아무리 그렇더라도 새로 들어온 일정은 뒤로 미루고 하기로 한 것은 반드시 하려고 노력하자. 당장 급한 것처럼 보여도 실상은 그렇지 않은 경우가 많다. 이는 여러분이 반드시 연습하고 익숙해져야만 하는 테크닉이다. 여러분 자신과 한 약속을 소중히 여기다 보면 큰 수확을 얻을 것이다. 반드시 해야 하는 일과 하고 싶은 일 사이에서 균형을 잘 잡아나가다 보면 삶의 만족도는 더욱 커지게 될 것이다.

DAY

8

효율적으로 운동하기

오늘은 여러분의 운동 습관을 한번 살펴보자. 운동 습관과 시간과 관련된 가장 중요한 이야기는 굳이 매일 1시간씩 매주 5일간 운동할 필요는 없다는 것이다.

고강도 인터벌 트레이닝High-intensity interval training(HIIT)이라는 개념이 있다. 이는 강렬한 운동으로 심박 수를 최대한으로 올린 뒤 에너지를 회복한 다음 다시 격렬한 운동을 하는 것을 말한다.

오늘은 가까운 공원에 가서 5분간 준비 운동을 한 뒤, 여러분이 달릴 수 있는 최대속도의 절반 정도 속도로 달려보자. 그러고 나서 팔굽혀펴기를 10에서 25회 정도 한 다음 이번에는 최대속도의 75퍼센트 정도로 달리자. 그 뒤 팔벌려뛰기를 50회 정도 한 후, 2분 정도 쉬고 같은 순서대로 몇 번 반복해보자. 이렇게 하면 대강 15분 정도 운동한 셈이다.

이런 운동을 통해 여러분은 현재의 육체적 컴포트존Comfort zone●을 뛰어넘을 수 있으며 호메시스Hormesis, 즉 외부에서 유입된 적당한 스트레스를 통해 신체의 재생 메커니즘을 작동시킴으로써 손상된 세포를 치유하는 대사 작용을 촉진할 수 있다. 이처럼 짧고 굵게 운동하는 것은 익숙해지기까지 시간이 걸릴 수도 있다. 단 관절에서 통증이 느껴지면 바로 중단하고, 운동하다가 다치지 않도록 조심하자.

이 이야기의 교훈은 러닝머신 위에서 틀에 박힌 운동을 하면서 오랜 시간을 보낼 필요가 없다는 것이다. 컴포트존에서 머물러 있는 한 더는 효과를 보기 어렵다. 따라서 자신을 강도 높게 밀어붙일 필요가 있다. 심박 수를 최대한으로 올리고 근육을 최대한 활용할 수 있는 강도 높은 운동을 한 다음 충분히 휴식을 취하자. 이렇게 하면 운동을 통해 더 좋은 효과를 볼 수 있을 뿐 아니라 운동하려고 많은 시간을 비워놓을 필요(이미 비워놓았길 바란다)가 없기 때문에 그만큼 자유 시간을 늘릴 수 있다.

고정관념에서 벗어나면 삶의 질을 한층 더 끌어올릴 수 있다. 중요한 것은 운동에 투입한 시간의 양이 아니라 질이다. 강도 높은 근육 운동을 몇 번 반복하는 것만으로도 좋은 효과를 얻을 수 있으니 평소에 꾸준히 계속해보자.

여러분의 시간은 소중하다. 앞서 말한 운동 방법 이외에도

● 스스로 편안하고 익숙하다고 느끼는 활동 범위를 의미함

온종일 계속해서 몸을 움직이는 습관을 기르면 안정시 대사율 resting metabolic rate ●●을 일정 수준으로 유지할 수 있다. 이렇듯 장시간 앉아 있는 일을 삼가고 규칙적으로 스트레칭을 하면 활기를 유지할 수 있다. 이렇게 하면 운동의 효율도 올라간다. 즉 짧은 시간 내에 더 좋은 효과를 볼 수 있다는 이야기다. 훌륭하지 않은가? 이제 남는 시간에 낮잠을 즐기거나 책을 읽으며 진정한 자유를 느끼면 된다.

●● 휴식할 때 소모하는 에너지의 양을 의미하며 근육의 양이 증가할수록 함께 늘어남

DAY

9

생각을 정리할 시간 갖기

무엇인가를 생각하는 동안 소화 불량을 경험해본 적이 있는가? 이는 깊게 생각해야만 하거나 새롭고 복잡한 정보와 마주쳤을 때 주로 겪는 일이다. 어쩌면 지금 여러분 머릿속에는 새로운 프로젝트에 관한 생각이 가득 차 있을 수도 있다. 또 여러분은 혹시 실패하지는 않을까, 생각지도 못한 문제가 터지진 않을까 하는 부정적인 생각들을 떨쳐내려 애쓰고 있을지도 모른다. 어떤 생각을 정리하는 데는 어느 정도 시간이 필요하다. 여러분은 정신적인 소화 과정에 얼마나 관심을 두고 있는가?

생각해야 할 것이 너무 많으면 스트레스가 유발된다. 머릿속에 이미 생각할 거리가 있는데 주변에서는 아랑곳하지 않고 다른 거리를 끊임없이 던진다. 많은 것에 대해 골몰하다 보면 다른 사람과의 대화에서 멀어지게 되며, 늘 멍한 상태로 있게 된다. 머릿속의 정보를 처리하고 이해해야 하기 때문이다.

생각하는 것 자체는 바람직하지만, 다른 무엇인가를 하는 중에 깊은 생각에 빠지는 것은 삼가야 한다.

어떻게 해야 이런 문제를 해결할 수 있을까? 충분히 소화할 시간을 가지면 된다. 정보를 처리하기 위해서는 시간이 필요할 수밖에 없다는 사실을 인정해야 한다.

여러분은 언제 생각을 정리하는지 판단해보자. 생각을 정리하기 위한 시간을 별도로 두고 있는가? 여러분은 이 시간을 확보하기 위해 어떤 노력을 하고 있는가?

생각할 시간을 충분히 가지면 더 나은 결정을 내릴 수 있고 스트레스를 줄이는 데에도 매우 큰 도움이 된다. 이제 생각을 정리하고 충분히 소화해서 내 것으로 만들려면 어떻게 해야 할지 생각해보자. 온종일 머리에 잔뜩 이고 다니던 고민거리들을 내려놓을 수 있다면 여러분의 삶은 더 나아질 수 있다.

DAY

10

앉아 있는 시간 줄이기

하루에 과연 몇 시간이나 앉아 있는지 잠시 계산해보자. 결과는 아주 놀라울 것이다.

오랫동안 앉아 있는 것은 담배 피우는 것만큼이나 건강에 해롭다고 한다. 이를 입증하는 연구 결과도 수두룩하다. 〈American Journal of Epidemiology 미국 역학 저널〉에 게재된 한 연구 결과에 따르면, 무기력하게 시간을 보내는 사람일수록 병에 더 잘 걸리고 수명이 짧은 것으로 나타났다.

많이 앉아 있을수록 더욱 무기력해질 수밖에 없다. 30분 이상 앉아 있으면 혈액 순환이 느려지고 신진대사율도 떨어진다. 오래 앉아 있을수록 몸속의 전구들은 희미해지거나 곧 꺼질 듯 불안하게 깜빡일 뿐이다.

에너지가 떨어지면 정신이 흐릿해지고 업무에 제대로 집중할 수 없다. 이는 곧 일 처리 속도가 더뎌지고 머릿속에는 잡념이 가득해지는 것을 뜻한다. 업무에 제대로 집중하지 못하면 그만큼 수입이 줄어들 수도 있고 벌어진 간격을 메우느라 더 많은 시간을 쏟아부어야 할 수도 있다. 이로 인해 스트레스가 쌓이고 결국 삶의 질은 떨어진다.

그리고 몸에 힘이 없으면 외출하거나 운동할 의욕이 생기지 않는다. 움직이지 않을수록 살이 찌고, 그럴수록 더 몸을 움직이지 않는 악순환이 초래된다. 게다가 운동하지 않는 데 대한 죄책감에 시달리느라 귀중한 시간을 다 써버리게 되고, 그렇다고 당장 하고 싶지는 않아 우울한 기분에 휩싸이게 된다.

또한, 에너지와 열정이 부족하니 만사를 제쳐두게 된다. 제때 처리하지 못한 일들은 머릿속에서 계속 맴돌며 일을 마치고 집에 갈 때까지 우리를 계속 따라다닐 것이다. 가족에게 다녀왔다고 인사할 때도 마음은 다른 곳에 가 있기 쉽다. 너무 피곤하고 또 해야 할 일이 머릿속에 그득하기 때문이다. 그러면서도 언제쯤 운동하러 갈 수 있을지 고민을 거듭한다. '제대로 되는 게 하나도 없다'는 생각에 휩싸인 나머지 현재 벌어지는 일에 제대로 관심을 두지 못하고, 이런 일을 계속 반복한다.

이처럼 한 가지 일을 어떻게 처리하느냐가 다른 일을 하는 데에도 영향을 준다. 오늘은 이를 바로 잡아보자. 서서 일할 수 있는 여건이 안 된다면 알람을 맞춰서 25분마다 한 번씩 일어나 몸을 스트레칭하고 숨을 크게 들이쉰 뒤 물을 마시자. 또, 점심 먹은 뒤에는 산책하며 몸을 계속해서 깨워보자. 이렇게 활발하게 생활하다 보면 의욕이 생기고, 머지않아 여러분 인생의 모든 면에 긍정적인 에너지가 흐르게 될 것이다.

지금 당장 일어나서 몸을 움직이자.

DAY

11

꿈 일기 쓰기

'성장한다'는 것은 과거에 남겨진 고통스러운 상처를 발견하고 다시는 덧나지 않게 치유해나가는 것을 의미한다. 이는 많은 사람이 어려움을 겪는 부분이다. 이들은 과거에 매몰되어 허우적거릴 뿐, 현재를 살아가지 못한다.

물론 과거의 안 좋은 기억을 떨쳐내거나 봉합하는 것이 쉬운 일이라는 뜻은 아니다. 그렇게 해야 우리가 한층 더 성장할 수 있다고 말하고 싶은 것이다. 즉, 더욱 성장하고 싶다면 과거에 겪었던 불미스러운 일들을 반드시 극복해내야 한다. 이런 관점에서 꿈은 우리에게 도움을 준다.

우리는 꿈을 매개로 무의식·잠재의식과 긴밀히 연결되어 있다. 꿈속에서 떠오르는 것들을 통해 우리가 어떠한 일상을 살고 있는지, 우리의 눈을 가리고 있는 감정적 응어리가 무엇인지 깊이 들여다볼 수 있다. 이런 응어리들은 과거의 어느 순간에 생겨나 몸속 어딘가에 자리 잡은 뒤 우리를 끊임없이 괴롭히고 앞으로 나아가지 못하게 한다.

오늘은 잠시 시간을 내서 최근에 무슨 꿈을 꿨는지 기억을 더듬어보자. 이 글을 다 읽은 뒤에는 노트를 한 권 마련해서 잠자리 머리맡에 놓아두고 매일 아침에 일어나자마자 꿈에서 본 것을 노트에 기록해보자. 시간이 어느 정도 지나면 기억이 흐릿해질 수 있으니 일어나자마자 바로 적는 것이 좋다. 이렇게 만든 꿈 일기장은 앞으로 여러분의 인생을 달라지게 할 강력한 촉매제로 작용할 것이다. 일기장과 비교하면서 보면 매일 실제 겪은 일과 그날 꾼 꿈의 상관관계를 한눈에 확인할 수 있다. 수많은 생각, 문제 해결의 실마리, 그리고 중요한 무엇인가를 암시하는 징후가 꿈속에서 우리를 스쳐 지나가는 경우가 많다. 이런 것들이 무엇을 의미하는지를 잘 이해하고 이를 삶의 조언자 또는 등대로 활용하려면 어떤 꿈을 꿨는지 기억할 수 있어야 한다.

꿈은 계속해서 과거의 상처를 치유하고 덧나지 않게 해줄 유용한 정보를 쏟아낼 것이다.

DAY

12

버리기

오늘은 다다익선에 관해 한번 생각해보자. 이 관념은 현대 사회 이곳저곳에 온통 퍼져 끊임없는 공급과 소비를 이루어내고 있고, 그에 따라 세계 경제의 수준이 높아지고 있다. 우리는 시장에서 수많은 역할을 담당하지만, 그중에서도 특히 소비자로서 두각을 드러내고 있다.

하지만 무엇인가를 끊임없이 소비해서 경제를 떠받치는 것이 여러분의 인생보다 더 의미 있는 일인가? 물론 그렇지 않다.

오늘은 여러분이 얼마나 많은 물건을 가졌는지 집안 곳곳을 살펴보자. 주차장과 다락방, 창고까지 빠뜨리지 말고 이곳저곳 들여다보면서 그동안 얼마나 많은 물건을 집안 곳곳에 쌓아놨는지 헤아려보자. 이 중에서 지난 1년간 한 번도 사용하지 않은 것(또는 쳐다보지도 않은 것)은 몇 개나 되며 언제쯤 다시 사용하게 될 것 같은가? 우리는 내다 버리기에는 아깝다며

버리지 않고 쌓아두는 경향이 있다. 결국 몇 년 후에는 내다 버릴 거면서 말이다. 혹시 아이들을 위해서 버리지 않을 생각이라면 꼭 필요한 것인지 아이들에게 한번 물어보자. 불필요한 물건들을 쌓아두면 결국 짐만 될 뿐이다. 여러분이 의식하든 하지 않든, 그 물건들은 여러분의 마음속 어딘가에 자리하기 마련이다.

오늘은 이렇게 정신없이 사들인 물건들을 한번 둘러본 뒤 사용하지 않는 물건은 치우고 주변을 정리하자. 이렇게 하면 마음속도 깨끗이 비울 수 있고 정신적인 압박감에서도 해방될 수 있다. 그리고 사용할 수 있는 시간을 늘리고 행복 지수도 높일 수 있다.

오늘 정리할 물건은 무엇인가? 필요한 사람들에게 기증하는 것도 좋은 방법이다. 절대 다른 사람에게 줄 수도, 버릴 수도 없는 물건이라고 하면서 한쪽 구석에 또다시 쌓아두지 말고 모두 다 모아서 밖에 내놓자.

고장이 났거나 더는 사용하지 않는 물건이 있다면 어떻게 활용하면 좋을지 도무지 모르겠다며 죄책감을 느끼지 말고 당장 갖다버리자. 당신이 깨달아야 할 것은 따로 있다. 쓰레기 매립지에 가보면 한때 우리가 필요다고 생각했던 것들로 온통 차고 넘친다. 물건들을 버리면서 다음에는 무엇인가를 살 때 좀 더 신중해야겠다고 마음먹어야 한다.

물리적 공간을 깨끗하게 비우면 마음속까지 깨끗해지는 효과를 얻을 수 있다. 이는 곧 우리의 정신세계를 압박감에서 해방하는 것이다. 이를 통해 우리가 바라온 마음의 여유를 누릴 수 있다. 우리는 그동안 어떤 문제가 생겼을 때 그 해결책을 밖에서 찾곤 했다. '행복감을 느끼려면 어떤 제품을 사야 할까?'하고 말이다. 이제는 이런 방식이 부질없다는 것을 깨달아야 한다. 행복과 평화로움은 내면에서 찾아야 한다. 그리고 이런 감정은 단순함에서 비롯한다. 한 마디로, 적은 것이 곧 많은 것이다.

불필요한 것들을 버리고 사기 전에 정말 필요한 물건인지를 되묻는 습관을 기르자. 안정감과 편안함은 돈으로 살 수는 없지만, 노력을 통해 여러분의 삶 속으로 얼마든지 불어넣을 수 있다.

DAY

13

한 가지 일에만 몰입하기

하루를 짜임새 있게 보내고 일정을 본인의 뜻대로 조절하려면 반드시 시간 할당의 기술을 몸에 익혀야 한다. 이는 한 번에 한 가지 일에만 집중할 수 있도록 스케줄상의 일정에 적정 시간을 할당하고, 한번 세운 계획을 흔들림 없이 실천해가는 것을 의미한다. 예를 들어, 이메일 타임은 오로지 이메일을 확인하고 작성하는 일에만 집중하는 시간이다. 그리고 패밀리 타임은 다른 일에는 전혀 신경 쓰지 않고 오롯이 가족과 사랑을 나누는 시간이다. 보고서를 작성하는 중이라면 온전히 보고서에 담길 내용에만 신경을 써야 하고, 데이트 중이라면 여러분 앞에 있는 그 사람에게만 관심을 쏟아야 한다.

이를 위해서는 멀티태스킹을 해야 업무 효율을 높일 수 있다는 그릇된 믿음에서 반드시 벗어나야 한다. 멀티태스킹은 집중력을 흐트러뜨리고 초조함만 가중할 뿐, 전혀 도움 될 것이 없다. 일을 잘하는 사람들은 한 번에 한 가지 일만 처리한다. 그들은 고도의 집중력을 발휘해서 한 가지 일을 완전히 끝낸 후에야 비로소 다른 일에 손을 댄다. 여기서 말하는 다른 일에는 낮잠도 포함된다. 한 가지 일에 몰입할 줄 아는 사람들은 심지어 낮잠도 남들보다 더 맛있게 잘 잔다. 왜일까? 낮잠 시간에는 오로지 낮잠을 즐기는 데만 관심이 있을 뿐 다른 일에 대해서는 전혀 생각하지 않기 때문이다. 어떤 일을 하기로 했다면 그 순간에는 오로지 그 일에만 집중하고 시간이 부족하다느니 다른 일도 챙겨야 한다느니 하면서 노심초사해서는 안 된다. 낮잠을 자기로 했다면 그 시간에는 깊은 잠에 빠져들기만 하면 된다.

오늘은 여러분의 일정을 한번 살펴보자. 혹시 너무 많은 것들을 동시에 처리하려고 하지는 않았는가? 온종일 여러 가지 일에 신경 쓰느라 고군분투하고 있거나, 점점 가라앉는 배 안에서 구멍 난 곳 여기저기를 틀어막는 것처럼 쩔쩔매고 있지는 않은가? 집중력이 흐트러진 상태에서는 그 어떤 일도 만족스럽게 처리할 수 없다. 그리고 기존에 하던 일을 제대로 끝내지도 못한 상태에서 또다시 새로운 일을 떠안게 되면 당연히 스트레스를 받는다.

이를 컴퓨터 화면에 비유해보자. 문서 작업을 하는데 모니터에 이메일, 신문기사 페이지, 업무 관련 프로그램, 날씨, 게임 화면 등이 같이 열려 있으면 과연 일하는 데 도움이 될까? 당연히 아니다. 우리는 언제나 멀티태스킹을 선호하지만, 여러

가지 일을 동시에 처리한다는 것은 상당히 비효율적이다.

오늘은 우리가 반드시 해야 할 일들을 크게 크게 나눠보자. 점심시간은 오롯이 식사하고 쉬면서 보내야 한다. 그리고 일은 한 번에 한 가지씩 해야 최고의 성과를 낼 수 있다. 또한, 아이들과 함께 시간을 보내기로 했으면 오로지 아이들에게만 관심을 기울여야 한다. 이처럼 그 시간에 하기로 한 일에만 온전히 몰입한 뒤 그 결과가 예전과는 어떻게 다른지 비교해보고, 한 번에 한 가지 일만 할 수 있도록 일정을 전체적으로 조정해 반드시 계획한 대로 실천해보자. 여러 가지 일을 동시에 처리하려다 보면 결국 이도 저도 안 된다.

휴식을 취하고, 에너지를 회복하고, 음식을 먹고, 가족과 함께하고, 오락을 즐길 시간을 반드시 따로 비워두자. 일이나 반드시 해야 하는 일에만 치중하다 보면 결국에는 부작용이 생길 수밖에 없다. 일정은 일과 휴식이 서로 적절한 균형을 이루도록 해야 세워야 하고 확정한 뒤에는 중간에 마음대로 변경해서는 안 된다. 이렇게 하는 데 익숙해지면 그만큼 더욱 에너지가 충만하고 행복한 삶을 즐길 수 있게 된다. 또한, 지금 당장 해야 할 일에만 오롯이 집중할 수 있다는 마음의 여유를 가질 수 있다. 한꺼번에 여러 가지 일을 처리하려고 하다 보면 스트레스가 쌓일 수밖에 없다. 한 번에 한 가지씩 처리하면 일을 좀 더 효율적으로 끝낼 수 있고, 그만큼 휴식을 취하거나 원하는 일을 할 수 있는 여유를 갖게 될 것이다.

DAY

14

상처와 마주하기

지식을 얻으려면 밥을 먹을 때처럼 새로운 정보를 꼭꼭 씹어 삼켜서 천천히 소화해야 한다. 그렇다면 감정은 어떤가? 감정은 한번 끓어오르면 삼키기 어려운 경우가 있다. 만약 어떤 사람이 던진 모욕적인 말 때문에 화가 났다면, 그 이후로 그 말을 쉽게 잊지는 못할 것이다. 여러분은 이런 감정을 누그러뜨리는 데 보통 얼마나 걸리는가?

보통은 꽤 오래 걸린다. 이를 극복하기 위해서는 마음 수련을 통해 긍정의 에너지를 몸속에 가득 채우고, 아무리 기분 나쁜 일을 겪어도 대수롭지 않게 넘겨버릴 수 있는 내공을 길러야 한다. 그러나 아무리 내공을 키운다고 하더라도 충격이 너무 크면 헤어 나오기 쉽지 않다. 우리가 인간인 이상 어쩔 수 없다. 예를 들어 가까운 사람이 사고를 당하거나 반려동물이 갑자기 죽는 것처럼 비극적인 일은 언제 어디서든 터질 수 있는데, 이런 일들을 겪으면 우리는 화를 내고, 슬퍼하고 또 좌절할 수밖에 없다. 다시 이야기하지만, 우리는 인간이기 때문이다.

문제는 이를 부정하는 데서 비롯된다. 여러분은 안에서 밀려오는 슬픔을 밖으로도 충분히 표출할 줄 아는가? 그리고 언짢은 일을 겪으면 잠시나마 시원하게 화를 내고 나서 언제 그랬냐는 듯이 감정을 누그러뜨릴 줄 아는가? 대부분은 자신이 느낀 감정을 있는 그대로 드러내지 않는다. 특히 화가 났을 때는 더 그렇다. 속에서는 분노가 치밀어 올라도 일단 억누르고 어떻게 대응하는 것이 좋을지 논리적으로 판단한다. 아니면 화를 내기가 부끄럽고 어색해서 감정을 잘 드러내지 않고 숨기기도 한다. 이렇게 하다 보면 언짢던 기분이 풀리기는커녕 점점 곪아서 결국에는 걷잡을 수 없을 만큼 크게 번지거나 수동 공격성 인격장애[•]로 변질될 가능성도 있다. 마찬가지로 스트레스도 그때그때 제대로 풀어주지 않으면 심각한 부작용을 초래할 수 있다. 스트레스는 자연히 사라지지 않으므로 풀어주지 않으면 몸속 어딘가를 돌아다니다가 괜히 애꿎은 상황에서 한꺼번에 표출될지도 모른다.

이제 견디기 힘들었던 그 순간을 얼마나 자주 떠올리며 살고 있는지, 거의 본능적으로 떠올리거나 그 기억에 집착하듯

• 고의로 실수하거나 지각하는 것처럼 겉으로 드러나지 않는 소극적인 방식으로 상대방에 대한 적대감이나 공격심을 표출하는 것을 의미함

연신 되뇌지는 않는지 생각해보자.

감정을 충분히 털어내지 못하면 우리는 과거에 얽매인 채로 계속해서 갈팡질팡할 수밖에 없다. '~해야 했는데, ~했을 텐데, ~할 수 있었는데'라는 생각에 사로잡혀 과거에만 머무르며 현재 벌어지는 일들에 제대로 관심을 두지 못하는 것이다.

오늘은 언제 이런 경험을 했는지 기억을 더듬어보자. 꽤 오래전의 일일 수도 있고 요즘 겪는 문제일 수도 있다.

가장 먼저 해야 할 일은 마음속에 감정의 응어리가 아직 남아 있다는 것을 인정하는 것이다. 이를 있는 그대로 인정하고 정면으로 마주하자. 그다음에는 마음속에 따뜻한 감정을 가득 채워야 한다. 숨을 들이쉴 때마다 사랑의 감정을 가슴속에 가득 채우고, 천천히 내뱉으면서 온몸 구석구석으로 퍼뜨리자. 얼굴에는 미소를 띠고 경직된 기분을 조금씩 풀어보자.

그런 다음에는 마음을 상하게 했던 사람들을 용서하고, 불쾌한 감정을 느꼈던 상황에 대한 기억을 따스한 빛으로 한껏 비추면서 상처를 치유해보자. 시간이 조금 걸리더라도 꼭 한번 해보자. 지난 몇 주 혹은 몇 년간 안 좋은 일을 떠올리느라 한없이 흘려보냈던 시간에 비교하면 훨씬 유익할 것이다.

오늘은 기회가 있을 때마다 힘들었던 기억들을 떠올린 뒤 여러분의 마음속에 밝은 생각을 가득 채워보자. 그러고 나서 사랑하고 용서하는 마음으로 그 기억에 남겨진 상처들을 치유해보자. 오늘 수련의 핵심은 과거의 쓰라린 기억을 그대로 방치하지 말고 치유하도록 노력하는 것이다.

DAY

15

올바른 식사 습관 갖기

오늘은 식사 시간에 초점을 맞춰보자. 바쁜 생활을 하다 보면 음식을 급하게 먹어치우게 마련이다. 시간에 쫓기면서 많은 일을 처리하느라 식사를 거르는 일도 많다. 오늘은 이런 습관에서 벗어나 식사 시간을 중요하게 여겨보자.

식사 시간은 일종의 의식儀式을 치르는 시간이다. 차분한 분위기 속에서 몸에 영양을 공급하고 음식물을 소화하면서 마음의 안정을 취할 기회다. 다시 말해 우리가 힘을 기를 수 있는 시간이다.

정신없는 일상으로 인해 투쟁-도피 반응●을 관장하는 교감신경계는 늘 과도하게 흥분한다. 즉 일상 생활에서도 우리

● 위험한 상황에 처했을 때 싸울 것인지 피할 것인지를 신속히 판단하는 생리적·심리적 반응을 의미함

의 몸이 수시로 비상체계에 돌입하는 것이다. 스트레스를 받을 수록 몸에 지방이 쌓이고 근육이 경직되며, 소화나 면역기능에 사용해야 할 에너지가 소진되고 만다. 이런 상황이 지속하면 몸에 해로울 수밖에 없으므로 반드시 개선해야만 한다.

오늘은 식사할 때마다 10번씩 심호흡하면서 몸의 긴장을 풀어보자. 이렇게 하는 것만으로도 마음이 차분해질 것이다. 부교감신경은 음식물을 소화하고 기력을 회복하는 과정을 관장한다. 숨을 깊게 들이쉬면 부교감신경을 활성화할 수 있다. 천천히 호흡하면서 안정을 찾자.

자, 이제부터는 차려진 음식을 살펴보자. 바른 식생활을 위해서는 반드시 가공되지 않은 음식을 섭취해야 한다. 채소, 과일, 곡물, 고기류가 이에 해당한다. 이 식재료들은 모두 최근까지 살아 있던 것들이다. 여러분은 이런 생명체들을 섭취해 몸속에 에너지와 영양소를 공급한다. 생명체들은 여러분이 삶을 계속해서 이어나갈 수 있도록 자신을 기꺼이 희생한 셈이다. 매우 뜻깊은 일이다.

식사하기 전에 잠시라도 이 음식들에 감사하는 마음을 갖자. 잠시 살펴보고 20초간 향을 음미하고, 천천히 섭취하자. 삼키기 전에는 최소 20번 이상 씹고, 그 동안에는 수저를 잠시 내려놓자(손으로 먹는다면 음식을 내려놓자). 천천히 먹으면서 음식에 경의를 표하는 습관을 갖다 보면 여러분의 인생은 크게 달라질 것이다.

이제 여러분은 음식을 먹을 때 편안함을 느끼게 될 것이며,

덜 먹고 더 씹고 더 잘 소화하며 몸속 세포에 더 많은 영양을 공급하게 된다. 위염과 장염에 걸릴 가능성도 크게 줄어들고, 이외에도 깜짝 놀랄 정도로 더욱 많은 것을 얻을 수 있다.

오늘은 여러분에게 남아 있는 인생의 가장 첫 번째 날이다. 음식을 천천히 즐기면 식사 시간이 평소보다 10분 정도 더 길어질 테지만, 식사를 즐긴 후에는 피로와 스트레스가 덜하고 에너지는 충만한 기분이 들 것이다.

식사 후에는 10분에서 15분 정도 아무것도 안 하면서 쉬는 게 바람직하다. 이 습관을 유지하면 더 많은 에너지를 충전하고, 머릿속을 맑게 유지할 수 있으며, 남은 하루를 건강하게 보낼 수 있다.

DAY

16

시간의 흐름 제어하기

시간이 어떻게 흘러가는지도 모를 만큼 힘든 경험을 한 것이 언제였는지 기억나는가? 여러분은 그 경험으로 인해 시간관념을 잃어버릴 만큼 큰 충격을 받았고, 오로지 그것에 대해서만 생각했을 것이다. 사고나 병 때문이었을 수도 있고 사업상의 어려움이나 사랑하는 사람 때문이었을 수도 있다. 사건의 성격에 따라 시간의 흐름을 느리게 느꼈을 수도, 빠르게 느꼈을 수도 있다. 중요한 것은 사건이 있고 난 뒤로 시간이 질적 변화를 보인다는 것이다. 현실이 얼마나 뒤틀렸는지에 따라 이 시간 왜곡은 몇 달 혹은 몇 년씩 지속하기도 한다. 또 이 때문에 여러분의 삶이 송두리째 흔들리는 것처럼 느껴질 수 있다.

우리가 생각해봐야 할 것은 두 가지다. 첫째, 다음에 또다시 이런 일을 겪으면 어떻게 대처할 것인가? 지난번에는 혹시 너무 당황한 나머지 거의 1주일 동안 아무것도 제대로 하지 못했는가? 그래서 결국 여러분에게 무슨 도움이 됐는가? 이제 같은 실수를 다시는 범하지 않도록 과거 경험을 반추해볼 필요가 있다. 소 잃고 외양간 고치는 격이라고 생각할 수 있지만, 과거를 돌아보고 무엇인가를 느껴야 외양간을 어떻게 고쳐야겠다는 아이디어라도 얻을 수 있다.

두 번째로 생각해봐야 할 점은 훨씬 더 미묘하다. 위에서 이야기한 사건들이 시간의 질과 속도를 바꿔놓았듯이, 여러분도 스스로 얼마든지 시간관념에 변화를 줄 수 있지 않을까? 일생일대의 사건, 트라우마, 좋지 않은 소식과 마주했을 때 그런 일을 경험했다면, 다른 상황에서도 얼마든 같은 경험을 할 수 있다는 것을 의미한다. 우리 자신의 내적 상태를 어떻게 제어하느냐에 따라 시간의 속도를 조절할 수 있다.

DAY

17

아무것도 하지 않기

도가道家에서 가장 중시되는 행동 원리는 무위無爲이다. 무위란 '아무것도 하지 않는다'는 뜻이다. '아무것도 하지 않는 것'은 삶의 좋은 치유제가 될 수 있다. 우리는 과잉 사회를 살고 있다. 모두가 각자 가진 생산능력으로 평가받으며 매일 생산성 있게 바빠 보낼 것을 강요받는다. 그야말로 비정상이 난무하는 세상이다.

그렇다면 어떻게 해야 균형을 잡을 수 있을까? 이를 위해 오늘은 아무것도 하지 않고 가만히 있는 연습을 해보자. 익숙 해지기까지는 어느 정도 시간이 필요할 수도 있다. 혹은 아무 것도 하지 않는 게 과연 가능한 일이냐고 반문할 수도 있다. 그 러나 이는 몽키 마인드monkey mind, 즉 마음속에서 원숭이처럼 날 뛰는 불안감에서 비롯한 생각이다. 다소 불안한 기분이 들더라 도 10분간 자리에 앉아서 무위를 수행해보자.

어떻게 해야 할까? 너무나 쉽다. 그냥 아무것도 하지 않으면 된다. 계속 아무것도 하지 말자.

그런데 아무것도 하지 않으려면 어떻게 해야 하는가? 문제는 이 부분이다. 우리는 아무것도 하지 않는 방법을 모른다. 우리는 반드시 무엇인가를 해야만 하는 사회에서 살고 또 우리 스스로가 반드시 무엇인가 행동해야 더욱 윤택한 삶을 살 수 있다고 믿기 때문이다. 확실한 것은 우리가 항상 끊임없이 무엇인가를 하고 있다는 사실이다.

여러분이 늘 얼마나 할 일을 찾아 헤매고 있는지 생각해보자. 아무것도 하지 않는 연습을 하는 이 순간에도 무엇인가를 하고 있다는 것을 금방 깨달을 수 있다. 오늘 저녁에 뭐를 먹을지 생각하거나, 친구가 들려준 이야기를 떠올리거나, 코가 간질거리는 것에 신경 쓰거나, 아무것도 하지 않기가 생각보다 어렵다고 불평하고 있을지도 모른다. 이 모든 게 행동이다.

자, 그렇다면 아무것도 하지 않기에 앞서 중간 단계를 하나 둬보자. 오늘 무위 수련을 할 때(10분 정도 하는 것이 좋다)는 한 가지 행동은 해도 된다. 그것은 바로 질문 던지기다. 자신에게 한 가지 질문만 던질 수 있다. 같은 질문을 반복해서 던져도 된다. 연습하는 동안 이것 외에는 절대로 다른 행동을 해서는 안 된다.

그렇다면 무슨 질문을 던질 것인가? 이렇게 물어보자. '나는 지금 무엇을 하고 있지?' 그 답이 무엇이 됐든 질문을 던진 후에는 아무것도 하지 말고 몸과 마음의 긴장을 푼 뒤 이를 몇 번 반복하면서 휴식을 취해보자.

승려들도 이를 익히기까지는 보통 몇 년씩 걸린다. 그러나 그 어떤 것도 마음속에 들어올 수 없도록 정신을 가다듬고 연습한다면 여러분도 아주 잠시나마 새로운 세계를 경험하게 될 것이다.

새로운 세계란 바로 평화롭고 고요한 마음의 안식처다. 정신없이 바쁜 삶을 살다가도 마음먹기만 하면 언제든 그 누구에게도 방해받지 않을 공간에서 완전한 휴식을 취할 수 있다면 얼마나 좋을지 상상해보라. 그 공간에서 삶에 필요한 에너지를 무한히 얻을 수 있을 것이다. 아무것도 '하지' 않지만 힐링할 수 있는 것. 이것이 바로 무위를 수련하면서 마주하게 되는 역설이다.

DAY

18

급브레이크 밟듯 잠들지 않기

현대인들이 밤에 쉽게 잠들지 못하는 원인 중 하나는 저녁 시간까지 속도를 늦추지 않기 때문이다. 인생이라는 강물은 너무 빠른 속도로 굽이치며, 우리는 온종일 그 거친 물결 위에서 균형을 잡느라 애쓰며 바쁘게 생활한다. 그러나 이런 비정상적인 생활은 우리의 수면까지 위협하기 시작했고 이로 인해 삶의 질은 점차 떨어지고 있다. 우리는 밤이 늦도록 절대 속도를 늦추는 법이 없다. 잠자리에 들려면 그 전에 속도를 충분히 늦춰야 하는 데도 말이다.

　수면은 삶의 굴레에서 우리를 해방해주는 수단이다. 수면이란 저절로 찾아오는 것이지 우리가 일부러 '하는' 행위가 아니다. 그저 몸과 마음에 쌓인 긴장을 누그러뜨리다 보면 어느새 스르르 잠들게 되는 것이다. 그런데 우리는 낮 시간을 치열하게 보낸 것도 모자라 저녁에도 무언가를 손에서 놓지 않는다. 밤늦게까지 TV를 보고, 통화하고, 스마트폰을 보다가 갑자기 급브레이크를 밟듯 잠을 청한다. 자연은 절대로 그렇게 작용하지 않는다. 그리고 앞서 이야기했듯, 우리 역시 자연의 일부다.

본격적인 수련에 들어가기에 앞서 먼저 잠들기 서너 시간 전에 무엇을 하는지 주의 깊게 살펴보자. 잠이 오기 전까지는 몸과 마음의 속도를 점차 늦출 필요가 있다. 여러분은 저녁이 되면 속도를 늦추기 위해 무엇을 하는가?

화면에서 뿜어져 나오는 블루라이트, 경쾌한 음악 등 수많은 전자 기기가 끊임없이 자극하는 요소들 때문에 어둠 속에서 조용히 보내야 할 저녁 시간이 파괴되고 있다. 오후 2시 이후에 카페인을 섭취하는 것도 좋지 않다. 우리는 밤에 누려야 할 평화로운 에너지를 밀어내며 살고 있다. 낮과 밤의 균형을 되찾으려면 스스로 노력해야 한다.

자신이 저녁에 보통 무엇을 하는지 살펴보고 잠들기 전에 몸과 마음의 속도를 늦추려면 어떻게 해야 할지 생각해보자. 밝은 전등 불빛 대신 초를 켜보면 어떨까? 드라마 대신 책 속으로 흠뻑 빠져들어 보는 건 어떨까? TV 앞에서 멍하니 시간을 보내기보다는 스트레칭을 하거나 가족과 진심 어린 대화를 나누는 것도 좋은 방법이다.

이처럼 변화를 주다 보면 수면의 질이 조금씩 향상하는 것을 체감할 것이다. 아침에 평소보다 더 힘차게 하루를 시작할 수 있고 스트레스도 점차 누그러들 것이다. 이는 여러분의 정신이 쌓인 정보를 처리하고 에너지를 회복할 수 있는 여유를 필요로 하기 때문이다. 운전 중 급브레이크를 밟으면 부작용이 뒤따르는 것과 마찬가지로 갑작스레 잠을 청하면 길고 힘든 하루를 보내면서 지칠 대로 지친 심신을 제대로 달래줄 수 없다. 저녁에는 음陰의 기운을 한껏 쐬고 이를 통해 양의 기운이 감도는 낮을 더 생산적이고 균형감 있게 보내자.

오늘 밤에는 잠자리에 들기 30분 전에 가볍게 스트레칭을 해보자. 조명의 밝기는 좀 낮추고 들뜬 기분은 가라앉힌 다음 등이 바닥에 닿도록 반듯하게 눕고 아랫배까지 숨을 채운다는 느낌으로 심호흡을 해보자. 몇 번 심호흡을 한 뒤에는 머리부터 발끝까지 순서대로 근육, 관절, 장기, 그리고 그 외에 여러분이 느낄 수 있는 몸속 깊숙한 부분에 쌓여 있던 피로를 천천히 풀어보자. 발가락 부분의 긴장감을 풀 때는 10부터 1까지 카운트다운을 하면서 계속 숨을 크게 들이쉬고 내쉬어보자. 그리고 숫자를 셀 때마다 몸의 피로가 점점 풀리고 있다고 자신에게 이야기해보자. 이 모든 동작을 끝낸 뒤에는 천천히 잠을 청해보자.

오직 여러분만이 몸과 마음의 속도를 늦출 수 있다. 시간이 어떤 리듬을 갖는지를 이해하고, 어떻게 해야 그 리듬에 발맞춰 살아갈 수 있을지를 깨닫는 것이 오늘 우리가 반드시 해야 할 일이다.

DAY

19

시간 흡혈귀 물리치기

오늘은 우리 주변의 시간 흡혈귀들에 대해서 생각해보자. '시간 흡혈귀'란 우리 옆에 찰싹 달라붙어서 시간을 빼앗고 하루 (몇 주 또는 인생 전반)의 계획을 무너뜨리는 사람을 말한다. 그들은 여러분과 가깝게 지내고 이미 상호의존적인 관계에 접어든 사람들 중에서 찾아볼 수 있다. 문제는 그들과 함께 하는 순간 의미 없이 버려지는 시간이다. 만나고 헤어진 뒤에는 피로와 스트레스가 쌓이고 초조해지며 심지어 화가 치밀어 오르는 경우도 있다.

　　시간은 생명력을 가늠하는 척도이자 한 사람이 가진 전부다. 여러분이 인생의 목표를 달성하는 데 전혀 도움이 안 되는 사람들과 무분별하게 시간을 보내다 보면 좋지 않은 영향을 받기 마련이다. 시간이 무의미하게 흘러가고 여러분이 세운 목표에서 점점 멀어지는 느낌이 든다면 어디에서 무엇 때문에 시간이 새어나가고 있는지 잘 살펴봐야 한다.

오늘은 여러분이 대부분 시간을 함께 보내는 사람들의 명단을 만들어보자. 가족 구성원부터 함께 출퇴근하는 사람들, 직장동료, 오가다 마주치는 사람들에 이르기까지 여러분과 관계된 모든 이들을 총망라한 다음 매일 평균적으로 어떤 사람과 얼마나 시간을 보내는지 따져보자. 동료들과 수다를 떨면서 적지 않은 에너지를 소모하는가? 혹시 사무실의 맞은편 자리에 앉은 사람이 허구한 날 여러분에게 별로 의미 없는 TV 프로그램 이야기를 쏟아내는가? 또, 여러분에게 요즘 어떤 중요한 일이 있는지는 관심 없고 온통 자기의 시시콜콜한 이야기만 늘어놓기 바쁜 친구가 있는가?

여러분에게 주어진 시간에 대해 최소한의 예의를 갖추고 있는지 자문해보자. 별로 보탬이 안 되는 이야기를 나누는 시간이 즐거운가? 얻는 것 하나 없이 단지 에너지만 소모할 뿐인 사람들에게서 자신을 어떻게 지켜내야 할지 바로 이에 대한 고민부터 시작해야 한다.

대부분의 시간 흡혈귀들은 끔찍할 정도로 엄청난 체력을 가졌고, 정말 말도 안 되는 이야기를 하면서 시간을 보내고 싶어 한다. 그들에게는 자신들과 한바탕 수다를 떨 상대가 필요하다. 그런 사람들에게 동조해준 데 여러분에게도 어느 정도 책임이 있다. 자신을 희생하면서까지 그들에게 좋은 사람이 되어준 것이 실수였다.

이는 보탬이 될 만한 대화까지 피하라는 말도, 몇몇 중요한 인간관계만 남겨놓고 나머지는 모두 다 정리하라는 말도 아니다. 단지 적당히 선을 지켜서 잃어버린 시간을 되찾아오라는 이야기다. 적당한 선을 지키는 데 도움이 되는 방법은 오늘 해야 할 일과 거리가 먼 이야기를 나누는 자리에서는 적당히 빠져나올 구실을 찾는 것이다. 그래야 하던 일에 계속해서 집중할 수 있다. 일단 일을 끝낸 뒤에는 다시 이야기를 나누는 것도 괜찮다. 단, 조금 더 생산적인 방식으로 대화할 수는 없을지 고민해볼 필요가 있다.

여러분이 극복해야 할 상대는 함께 수다를 떨 누군가를 애타게 찾고 있는 사람들이다. 무슨 수를 써서라도 이 사람들에게 낚여서 귀중한 시간을 헛되이 흘려보내는 일만큼은 피하자. 여러분에게는 꿈과 야망이 있다. 이를 위해 때로는 잠까지 줄이고 운동할 시간도 없이 바쁘게 살아간다. 시간 가는 줄 모르고 이야기를 나누고 싶은 사람들은 어디에든 있기 마련이다. 오늘은 시간이 어디에서 새고 있는지 확인해서 구멍을 하나하나 틀어막아보자. 처음에는 쉽지 않겠지만 계속하다 보면 결국 여러분의 인생은 크게 달라질 것이다.

그 누구도 아닌 여러분의 시간이다. 말도 안 되는 일 때문에 무의미하게 흘려보내지 말자.

DAY

20

가슴 설레는 일에 도전하기

모든 시간이 질적으로 같지는 않다. 살면서 경험하는 수많은 일 중에 유독 오랫동안 기억에 남는 것이 있기 마련이다. 예를 들어 아기를 낳거나 결혼을 하거나 장례식을 치르는 일, 학교를 졸업하는 일 등이다. 큰 경기에서 우승하거나 이별하는 것은 또 어떤가? 이 모두가 경사스러운 일은 아닐지언정 뇌리에 깊게 새겨질 만한 사건임은 분명하다.

지금까지 겪었던 특별한 일들을 한번 되돌아보자. 사진을 보지 않아도 마치 어제 일처럼 여겨질 정도로 또렷하게 생각나는 장면이나 소리가 있거나, 그때 그 일이 어느 정도의 무게를 갖는지 기억할 수 있는가?

앞으로 우리는 어떤 일을 경험하게 될까? 또, 나중에 아쉬움이 남지 않도록 충분히 즐길 준비가 되어 있을까? 더 멋지고 의미 있는 추억을 만들거나 하루하루를 즐겁고 설레는 마음으로 살아가려면 단순히 앞으로 할 일만 떠올리지 말고, 그동안 한 번도 해보지 않았지만 과감히 도전해볼 만한 일이 무엇인지 생각해야 한다. 지금까지 경험해본 것과는 비교할 수 없을 정도로 가슴 설레는 일이 무엇일까?

여러분의 내면에서 들려오는 소리에 귀를 기울여보자. 그리고 그것을 실현하려면 구체적으로 무엇을 해야 하는지 계획을 세워보자. 물론 이 계획이 열매를 맺으려면 꽤 오랫동안 기다려야 하지만, 어쨌든 무엇인가를 새롭게 시작했다는 것에 의미가 있다. 이제 씨앗이 잘 자랄 수 있도록 굳건한 의지로 따뜻한 기운을 담아 물을 주고 행동과 실천이라는 영양분을 공급해주자. 진정으로 원하는 일이라면 마치 이미 이룬 것 같은 기분을 떠올려보고, 그 좋은 느낌을 마음속에 잘 간직해보자.

자기 내면의 목소리를 듣는 데 익숙해질수록 뿌린 씨앗이 결실을 보기까지 걸리는 시간은 점점 단축될 것이다. 그러니 일단 지금은 씨앗을 뿌렸다는 사실에 초점을 맞추고 사랑으로 보살피고 영양을 공급하는 일에만 신경 쓰자. 자신이 진정으로 원하는 일이 무엇인지 깨닫고 그 꿈을 꽃 피우기 위해 미리미리 준비할수록 살아가면서 기분 좋은 일을 더 자주 경험하게 될 것이며, 먼 훗날에는 그동안 충실한 인생을 살았다는 생각에 미소 지으며 눈감을 수 있을 것이다. 큰 꿈을 가지고 한번 세운 목표는 과감히 실천해나가자.

DAY

21

가족과 함께하기

우리는 사랑하는 사람과 만날 때도, 이메일을 확인할 때도, TV 를 볼 때도, 책을 읽거나 다른 일을 할 때도 한 가지에 제대로 집중하지 못한다. 이렇게 하다 보면 결국엔 그 어떤 것에 대해서도 만족할 수 없다.

오늘은 가족과 함께 보내는 시간에 특별히 관심을 가져보자. 가족(특히 아이들)과 함께 있는 시간에는 다른 일은 삼가고 온전히 이들에만 신경을 쓰자. 강아지를 데리고 한참 동안 산책해도 좋고, 함께 저녁을 먹을 때 TV나 휴대폰 화면을 보지 않는 것도 좋은 방법이다. 아이들과 함께 놀아주거나 오붓한 시간을 보내며 담소를 나누는 것도 괜찮다. 가족에게 오늘 하루 동안 잠시라도 함께 즐겁게 보내고 싶다고 이야기하고 실천에 옮겨보자.

만약에 자녀의 나이가 어느 정도 됐다면 가족 구성원 모두가 시간 부족에 허덕일 수도 있다. 이런 경우에는 함께 보내는 시간의 양보다는 질을 추구하자. 차로 이동하거나(모두가 휴대폰이나 태블릿 화면을 보지 않는다는 조건으로) 저녁을 먹을 때(모두가 함께 테이블에 앉아 있다는 조건으로) 등 자투리 시간을 잘 활용하면 충분히 많은 시간을 함께 보낼 수 있다. 이를 좋은 경험으로 남기면 그다음부터는 가족과 더 많은 시간을 함께 보내기 위해 자연스레 노력하게 되고, 결국 가족 여행 등 많은 시간을 함께 보낼 수 있는 것을 계획하게 된다.

너무 어렵게 생각하지 말자. 가족에게 잠시나마 뭔가를 같이 했으면 좋겠다고 이야기한 뒤 뚝심 있게 밀어붙이고 함께 시간을 보내며 사랑을 나누자. 이를 좋은 경험으로 만들다 보면 이번에 미처 함께하지 못한 구성원들도 다음에는 자연스레 참여하게 된다.

집에 어린아이가 있다면 아이가 잠든 후에 사랑하는 배우자와 함께 시간을 보내자. 오로지 서로에게만 관심을 두고 많은 이야기를 나눠보자. 우리는 살면서 이런 시간을 거의 갖지 못했고, 그 결과 관계가 소원해질 수밖에 없었다. 혼자 산다면 가족이나 사랑하는 사람을 집으로 초대하는 것도 좋은 방법이다.

오늘은 그동안 잃어버렸던 시간을 되돌려보자. 가족과 사랑하는 사람에게 얼마나 그들을 사랑하고 소중히 여기고 있는지 직접 행동으로 보여주자. 그들과 다시는 돌아오지 않을 소중한 시간을 함께 보내며 충분히 음미하고 그 가치를 몸소 깨닫자.

DAY

22

삼키기 전에 충분히 음미하기

우리의 몸은 음식을 천천히 먹기를 원한다. 그리고 뇌는 음식의
냄새와 질감과 맛을 느끼고 싶어 한다. 하지만 급하게 먹으면
서 그 기회를 놓쳐버리면 뇌는 음식을 더 달라는 신호를 끊임
없이 보낸다. 위장이 이미 너무 많이 먹었다고 아무리 비명을
질러도 소용없다. 우리는 그렇게 진화하고 적응했기 때문이다.

오늘 여러분이 해야 할 수련은 식사 속도를 늦추는 것이다.
적은 양을 입에 넣고 충분히 음미하며 최소한 10번 이상 천천
히 씹자. 소화 과정에서 위산, 음식물의 소화를 돕는 효소, 장
내 세균이 제 역할을 하려면 음식물을 일단 잘게 쪼개야 하고
침을 충분히 섞어야 한다. 그렇지 않으면 위에 큰 부담이 되고,
소화 불량이 생긴다. 소화 불량을 겪는 사람들은 음식물로부
터 에너지를 흡수하는 데 어려움을 겪기 때문에 기력이 떨어
질 수밖에 없다. 힘이 부족하면 그만큼 많은 일을 처리할 수 없

다. 결국 음식을 빨리 먹는다는 것은 에너지와 시간을 빼앗기는 행위나 다름없다.

오늘은 여러분 앞에 놓인 음식을 영적인 차원에서 바라보자. 이 음식들은 앞으로 며칠 혹은 몇 주 동안 여러분의 일부가 될 것이다. 몸속 세포를 형성할 것이고 두뇌와 면역계통에 에너지를 공급할 것이다.

여러분이 살아갈 수 있도록 기꺼이 자신의 목숨을 희생한 이들 생명체(식물 또는 동물)에 감사하는 마음을 표현해보자. 이들의 희생은 결코 가볍게 넘길 일이 아니며, 우리도 그에 상응하는 대접을 해줘야 한다.

음식을 충분히 음미하지도 않고 마구 먹어치우는 것은 그 희생을 무시하는 행위다. 오늘 여러분이 해야 할 일은 식사할 때마다 마음을 차분히 가라앉히고 '먹는다는 것'의 신성한 가치를 몸소 느껴보는 것이다. 또한, 이렇게 해야 여러분의 식사 시간에까지 침투한 시간의 맹렬한 흐름에서 잠시나마 벗어나 휴식을 취할 수 있다.

잘못된 습관을 바로 잡자. 식사시간은 매우 가치 있는 시간이자 몸과 마음의 원기를 회복하는 시간이다. 보람 있는 하루를 보내려면 이렇게라도 바쁜 일상에서 벗어나 잠시 쉬어갈 필요가 있다. 시간이 여러분의 편이 되게 하려면 반드시 따라야 할 기본 원칙이며, 여러분의 몸도 그렇게 하기를 바라고 있다.

오늘은 음식의 맛을 천천히 그리고 충분히 음미해보자.

DAY

23

불필요한 정보 거르기

현대의 우리는 온갖 정보를 접하며 그 안에서 삶에 필요한 것들을 얻고 있다. 오늘은 우리가 노출되는 정보의 내용과 양을 제어해보자. 우리는 매일 눈을 뜨자마자 엄청난 양의 정보에 시달린다. 전혀 관심도 없는 광고와 방송 프로그램을 멀뚱히 보면서 아까운 시간을 낭비하는 것은 말도 안 되는 일이다.

시중에는 다운로드받을 수 있는 다양한 팟캐스트 프로그램이 있다. 방송을 다운로드받으면 운전이나 식사를 하면서도 스마트폰으로 여러 방송을 들을 수 있다. 또한 오디오북 형태로도 출간되는 책도 많다.

팟캐스트와 오디오북은 원할 때 들을 수 있으니 매우 유용하다. 듣고 싶은 방송을 골라 듣기 목록에 넣어두고 출퇴근할 때나 일할 때 들으면 된다. 또한, 속도제어가 가능하기 때문에 빨리 들어야 할 때는 두 배 속도로, 중요한 내용은 느린 속도로 들을 수도 있다.

눈길을 끄는 방송 프로그램을 찾았다면 그것이 삶에 얼마나 도움이 될 만한 내용인지 생각해보자. 우리는 다른 사람의 이야기를 통해 유익한 정보를 얻고 간접경험도 할 수 있다. 따라서 누군가의 이야기를 언제든 필요할 때 원하는 속도로 들을 수 있다는 것은 크나큰 장점이다. 책과 팟캐스트는 다른 사람들이 수년간 경험하고 깨달은 사실들을 간추려서 이야기해준다. 이러한 인생 경험들은 여러분이 더 나은 의사 결정을 하고 더 나은 인생을 누릴 수 있도록 도움을 줄 것이다.

오늘은 휴대폰을 들고 들을 만한 프로그램을 차근차근 골라보자. 장르는 건강부터 자기계발, 역사, 코미디에 이르기까지 매우 다양하다. 폭넓게 살펴보면서 여러분 인생에 도움이 될 만한 콘텐츠를 선택하는 것이 중요하다. 프로그램을 신중하게 고를수록 그만큼 주어진 시간을 보람 있게 쓸 수 있다. 도움이 될 만한 프로그램을 깐깐히 고르는 습관을 기르다 보면, 유입되는 정보의 양을 통제하고 필요한 정보를 선택하는 능력이 점차 향상하는 것을 느낄 수 있다.

다수의 팟캐스트가 사회적으로 뜨거운 쟁점을 다루고, 책역시 다양한 정보를 알려준다. 팟캐스트를 듣거나 책을 읽는 것은 그동안 시간이 없어서 오랫동안 접해보지 못했던 것들을 익힐 좋은 기회가 된다. 이제 관성에 젖은 삶의 패턴에서 벗어나보자. 처음에는 무엇을 어떻게 선택해야 할지 망설여질 수도 있다. 다만 오늘은 잠시나마 업로드된 팟캐스트를 쭉 둘러보면서 청취할 만한 방송을 적어도 한 가지 이상 골라보자.

유입되는 정보의 종류와 양은 결국 여러분이 어떤 선택을 하느냐에 달렸다. 시간을 내 편으로 만들기까지는 과정이 중요하다. 그리고 그 과정의 큰 부분을 차지하는 것은 수문水門을 적절히 여닫아서 불필요한 정보가 흘러들어오지 않도록 하는 일이다. 외부의 수많은 정보가 여러분의 금쪽같은 시간을 갉아먹도록 내버려 두지 말자. 필요한 정보만 선택하고, 듣다가 재미없으면 다른 방송으로 갈아타자. 중요한 것은 여러분이 이 모든 과정을 직접 통제해야 한다는 사실이다.

DAY

24

무뎌진 감각 되살리기

현대의 우리는 주로 전화, 문자, 이메일, 소셜 미디어 등 다양한 문명의 이기를 통해 다른 사람과 소통한다.

오늘은 이를 사용하지 말고 소통해보자. 통신기술이 등장하기 전에는 어떻게 소통했는지 생각해보라. 물론 말을 하기도 했지만 다양한 형태의 비언어적 방법도 활용했다.

오늘 여러분이 수련할 내용은 이러한 비언어적 수단을 의식하는 것이다. 제스처부터 눈동자의 움직임까지 사람들이 자기 생각을 남에게 전달하려고 사용하는 모든 행위를 주의 깊게 살펴보자. 한숨을 쉬고, 어깨를 들썩이며, 빤히 쳐다보고, 헛기침하는 것 또한 자신의 의사를 표현하는 방법이다. 이런 모습들을 자세히 살펴보자. 청각에 장애가 있는 사람들은 관찰력이 매우 뛰어나서 다른 사람들의 눈에 띄지 않는 것들까지 볼 수 있다. 한편 시각 장애가 있는 사람들은 다른 사람들이 감지하지 못하는 소리를 듣고 미묘한 뉘앙스 차이까지 인식하는 놀라운 능력을 갖추고 있다. 이유가 무엇일까? 이들은 우리보다 청각적·시각적 자극에 훨씬 더 민감하게 반응하기 때문이다.

자, 이제 무뎌진 감각을 되살려보자. 다른 사람들과 대화할 때 비언어적 수단을 쓰려 해보고 뜻하는 바가 제대로 잘 전달되는지 살펴보자. 말하고 싶으면 최대한 짧고 간결한 표현으로 더 많은 의미를 전달하려고 노력해보자.

우리의 감각은 너무 무뎌졌다. 감각을 되살려 주변의 자극에 더욱 주의를 기울여보자. 오감을 깨우는 수련은 오로지 명상에 집중할 수 있을 때만 가능하다고 생각하겠지만, 명상이란 본래 일상 속에서 하는 것이다. 모든 자극에 집중하고 감지하려고 해보고, 그러고 나서 무엇이 달라졌는지 살펴보자.

To-do list의 현실성 점검하기

최근 많은 사람이 To-do list(할 일 목록)를 관리한다. 반드시 해야 할 일들을 목록으로 정리하면 목표와 관계없는 일에 눈을 돌리느라 시간 낭비할 가능성을 크게 낮출 수 있다. 따라서 이는 매우 바람직한 습관이다. 그런데 To-do list가 이처럼 훌륭한 도구임에도 어떤 사람들은 오히려 엄청난 스트레스를 받는다. 그 까닭은 무엇일까?

이유는 단순하다. 목록에 있는 일들을 전부 다 처리하지 못하고 며칠씩 끌고 가는 경우가 허다하기 때문이다. 아직 다 처리하지 못했을 뿐인데 아예 실패한 것처럼 느끼기도 한다.

오늘 우리가 던져보아야 할 질문은 두 가지다. 첫째, 너무 많은 항목을 수록한 것은 아닌가? 둘째, 일하는 방식이 비효율적이지는 않은가? 내 경험으로는 두 가지 모두가 원인인 경우가 많았다. 다시 말해 자신이 감당할 수 있는 수준 이상으로 욕심을 부려 작성하고, 여러 가지를 신경 쓰느라 어느 하나에 제대로 집중하지 못할 때 주로 고통받는다. 이제 5분 동안 자리에 앉아서 여러분이 만든 목록을 잘 살펴보고 과연 현실성이 있는지 판단해보자. 지난주(혹은 지난날)부터 끌고 온 일이 있다면, 왜 아직 처리하지 못했는가? 또 꼭 여러분이 처리해야 하는 일인지를 생각해보고, 그렇지 않다면 다른 사람에게 넘기자. 반드시 여러분이 처리해야 한다면 일이 잘 진행되지 않은 이유가 무엇인지 분석해보아야 한다.

큼지막한 일들을 처리하지 못한 채 며칠씩 끌고 가다 보면 심적 부담이 따른다. 일단 이 일들을 처리한 후에 새로운 일에 손을 대는 것이 현명한 선택일 수도 있다. 밀린 일을 손쉽게 처리할 방법은 없는지, 어떤 것은 버리고 남겨둘지 판단하는 것도 필요하다. 만약 To-do list에 남겨두기로 했다면 달성하기 위한 계획을 세우고 이에 매달려야 한다. 필요하다면 밤을 지새워서라도 오래도록 조바심 나게 하던 일들을 끝마쳐야 한다. 제때 해소하지 못한 걱정거리는 우리의 발목을 계속 잡아당긴다. 따라서 밀린 일들을 계획적으로 처리해서 마음의 평화를 찾을 필요가 있다. 미처 다 처리하지 못한 일들 때문에 정신적으로나 정서적으로 스트레스를 받는 상황이라면, 시간이 걸리고 에너지 소모가 심하더라도 끝까지 밀어붙여 완수해내는 것은 결코 잘못된 선택이 아니다. 이를 생활습관으로 정착시키지만 않는다면 말이다.

동기부여를 위해서는 관심을 두고 에너지를 쏟아부을 대

상이 명확해야 한다. 따라서 To-do list를 만들어 매일 규칙적으로 관리하는 것은 매우 큰 도움이 되지만, 제때 처리하지 않고 계속해서 미루는 항목들이 늘어난다면 오히려 독이 된다.

물론 일을 하다 보면 차질이 생길 수밖에 없다. 하지만, 그렇다고 해서 주말까지 끄는 것은 바람직하지 않다. 오늘 해야할 일은 밀린 일을 처리할 계획을 세우고 실천하는 것이다.

일이 밀리지 않게 하는 가장 좋은 방법은 거창한 계획을 세우지 않고 조금씩이라도 차근차근 끝내는 것이다. 목표는 반나절 단위로 정하고 바로바로 실천하자. 처리할 수 있는 업무량을 현실적으로 정하고, 지속해나갈 수 있는 자신만의 업무 스타일을 정착시키자. 하기로 한 일은 오늘 내로 반드시 끝내서 퇴근한 뒤에는 개인적으로 또는 가족과 함께 유익한 시간을 보내자. 끝내지 못한 일이 있으면 미루지 말고 계획을 세워서 신속히 종결짓자. 이런 습관을 기르면 새로운 일이 들어오더라도 제때 끝낼 수 있을 것이다.

누구에게나 해야 할 일은 많다. 중요한 것은 이를 얼마나 능숙하게 처리하느냐에 따라 달려 있다. 오늘은 여러분의 To-do list를 점검해서 앞으로 어떻게 해야 시간을 잘 관리해 나갈수 있을지 깊이 있게 생각해보자.

DAY

26

집중할 수 있을 때 중요한 일 끝내기

옛날에는 모든 일이 자연과 밀접하게 관계되어 있었으며 우리
도 자연의 주기에 맞춰 살아갔다. 그런데 오늘날은 어떠한가?
인공조명은 24시간 타오르고, 실내온도는 사시사철 늘 일정하
다. 우리는 제철 음식보다는 냉동 음식을 자주 먹고, 말도 안
되는 마감 시간을 지키느라 자신을 제대로 돌보지 않는다. 그
리고 규칙적으로 쉬지도 않고 그저 강하게 밀어붙이기만 한다.

그렇다면 계획을 어떻게 세워야 성과를 극대화하고 쉬는
시간을 최대화할 수 있을까? 이것이 바로 오늘 우리가 깨달아
야 할 내용이다.

언제 여러분이 컨디션을 최상으로 끌어올릴 수 있는지를
파악해서 그 시간대에 중요한 일을 처리할 수 있도록 계획을
세워야 한다. 오늘은 여러분의 생활 방식이 어떠하며 하루를
어떤 식으로 보내는지 잘 살펴보자. 물론 단기적으로는 어쩔

수 없는 경우도 있지만, 자신의 하루 생활 방식을 잘 살펴보면서 성과를 극대화하기 위해 고쳐야 할 부분이 무엇인지 판단해보자.

달력을 살펴보면서(아마도 월별로 살펴봐야 할 것이다) 중요하거나 집중력이 필요한 일들은 여러분이 가장 잘할 수 있는 시간대에 처리할 수 있도록 일정을 조정해보자.

해야 할 일을 일찌감치 끝내면 마음의 평화가 찾아온다. 머릿속에서 맴돌던 일을 완전히 처리하면 더는 노심초사할 필요가 없기 때문이다. 오늘은 어떻게 해야 이런 기분을 느낄 수 있을지 생각해보자.

일이 밀릴수록 스트레스가 쌓이고, 이는 다시 업무의 효율을 크게 떨어뜨린다. 만약 일을 제때 잘 끝내면 이전보다 더 많은 시간을 휴식을 취하거나 하고 싶은 일을 하면서 보낼 수 있고, 늘 성취감을 느끼게 된다.

달력을 보면서 이미 다른 일정이 잡혀 있다고 하더라도 될 수 있는 대로 조정해보고 그 결과 얼마나 업무 효율이 증대했는지 관찰해보자. 에너지가 충분한 시간에 최대한 몰입해서 그날 할 일을 끝낸 뒤, 퇴근 후에는 그 어떤 죄책감도 없이 충분히 쉬고 마음껏 놀아보자.

DAY

27

잃어버린 시간 되찾기

소 잃고 외양간을 고쳐봤자 무슨 소용이냐는 말이 있지만, 또 다시 소를 잃어버리지 않으려면 반드시 외양간을 고쳐야 한다. 이미 벌어진 일은 결코 되돌릴 수 없지만, 앞으로 더 나은 삶을 살기 위해서는 반드시 경험에서 교훈을 끌어내야 한다.

우리는 언제나 시간을 여기저기 흘리고 다닌다. 예를 들어 집에서 평소보다 10분 늦게 출발했다가 끔찍한 차량정체를 경험하거나 잘못된 길로 들어서는 바람에 도로에서 엄청난 시간을 보내곤 한다. 집 안 어딘가에 처박혀 있는 물건을 찾는 데 쏟아붓는 시간은 또 어떤가?

오늘은 최근 몇 달 동안 어디에서 무엇을 하느라 의미 없이 시간을 흘려보냈는지 한번 생각해보자. 그때 여러분에게 무슨 일이 있었는가? 혹시 해야 하는 일에 제대로 집중하지 못하고 이리저리 주의를 분산시켰는가? 일을 제때 완벽히 끝내려고 최선을 다했는가? 일하는 동안에는 그 일과 관계없는 사람들과는 일절 소통하지 않았는가? 이처럼 시간을 헛되이 보냈던 에피소드를 모두 떠올리면서 그 목록을 만들어보자. 그리고 그중에서도 특히 시간 낭비가 심했던 상황을 몇 개 선택해서 좀 더 구체적으로 기억을 더듬어보자.

목록을 만들었으면 이제는 당시에 무엇을 어떻게 했어야 그런 상황을 예방할 수 있었을지 생각해보자. 해야 할 일과 하지 않아도 될 일 사이의 경계가 흐릿했거나, 도중에 치고 들어오는 일들 때문에 한 가지 일에 제대로 집중할 수 없었는가? 누군가의 부탁을 딱 잘라 거절할 수 없었던 무슨 특별한 이유라도 있었는가?

시간을 낭비하게 만드는 요인은 헤아릴 수 없을 만큼 많다. 오늘 여러분이 해야 할 일은 이 중에서 만성적인 요인 한 가지를 선택해 이를 뿌리 뽑기 위한 대책을 세우는 것이다. 주로 어떤 상황에서 시간이 새어나갔는지 그 경향을 파악하고 앞으로 어떻게 해야 방비할 수 있을지 곰곰이 생각해보자. 물론 앞으로 무슨 일이든 무조건 빨리빨리 처리하라는 뜻은 아니다. 그동안의 잘못된 습관을 바로잡으려면 무엇을 해야 할지 살펴보고, 일 처리 속도를 늦추는 불가항력이 존재한다면 앞으로는 이를 고려한 더욱 현실적인 계획을 수립하자는 것이다.

시간 낭비 사례를 되짚어보면서 교훈을 얻자. 잃어버린 시간은 결코 되돌릴 수 없지만, 경험에서 깨달음을 얻고 난 뒤에는 다시는 같은 실수를 반복하지 않을 것이다.

DAY

28

적절한 페이스 유지하기

우리는 언제나 자신의 체력적 한계를 시험하듯 자신을 몰아붙이며 살아가고, 그렇기 때문에 늘 지쳐 있다. 격한 운동을 하는 선수들은 극심한 피로를 느끼지 않으려면 반드시 충분한 휴식을 취해야 한다는 사실을 잘 알고 있다. 이는 감당할 수 있는 범위 내에서 자신을 혹사하고 또 적절한 시기에는 체력을 보충하는 것을 의미한다.

여러분은 어떤 삶을 살고 있는가? 전력 질주를 하다가 도중에 주저앉곤 하는가? 과연 그런 삶이 바람직하다고 할 수 있을까?

오늘날 많은 사람이 온종일 자신을 벼랑 끝으로 내몰며 정신없이 살다가 퇴근 후에는 집에 돌아와서 소파에 쓰러지곤 한다. 심지어 다음 날 출근할 때까지 피로가 풀리지 않아 사무실에서 꾸벅꾸벅 조는 일도 허다하다. 그리고 일 때문에 시간과 에너지를 탕진해버린 탓에 사랑하는 사람들을 위해서는 아무것도 해주지 못한다.

오늘 여러분이 해야 할 일은 자신이 현재 어떤 삶을 살고 있는지 솔직하게 평가하는 것이다. 오늘 여러분이 감당할 수 있는 일의 양과 당장 쓸 수 있는 에너지는 얼마나 되는가? 자잘한 문제가 터졌을 때 무난하게 처리할 수 있을 만큼 에너지를 비축하고 있는가? 체력이 고갈되어 슬럼프에 빠지지 않으려면 어떻게 해야 할까? 일 처리 속도를 조금 늦춰야 할지, 아니면 하루 동안 해야 할 일의 개수를 조금 줄이고 한 가지 일이라도 조금 더 몰입해서 끝내는 것이 나을지 고민해보자. 또, 무리하지 않으면서도 성과를 올리려면 고쳐야 할 생활 습관이나 마음가짐은 무엇일지도 생각해보자.

마라톤에서 완주하려면 처음부터 너무 속도를 내는 등 체력 소모량이 불균일해서는 안 된다. 인생도 마라톤이나 다름없다. 회사 일 못지않게 가족과 함께하거나 오롯이 자신만을 위해 시간을 보내는 것도 중요하다.

이제 어떤 측면에서 속도를 늦춰야 할지 잘 생각해보자. 직장동료나 가족과 함께 이야기를 나눠봐야 하는 문제도 있을 것이다. 그리고서 조금이라도 생활 방식에 변화를 주고 개선한다면, 여러분은 그만큼 성숙해진 것이다. 자신의 적정 속도를 알고 유지할 줄 아는 사람은 그만큼 마음의 여유를 가질 수 있지만, 전력으로 질주하다가 쓰러지기를 반복하는 사람은 늘 스트레스에 시달린다. 인생이라는 마라톤에서 완주할 수 있도록 여러분에게 적합한 리듬을 발견하고 힘이 들 때는 무리하지 말고 반드시 쉬어가자.

DAY

29

미래의 나에게 묻기

죽음을 앞둔 사람이 일을 충분히 못 한 것이 아쉽다고 말하는 경우는 거의 없다. 보통은 일하느라 바빠서 사랑하는 사람들과 충분한 시간을 함께하지 못한 것을 후회한다. 또, 곁에 있는 사람들을 등한시하고 자신에게 주어진 시간을 즐기지 못한 것에 대해 안타까워한다.

여러분은 어떤가? 하던 일을 잠시 멈추고 가슴속에 품고 있는 생각에 귀 기울여보자. 이것이 오늘 여러분이 수련해야 할 내용이다.

잠시나마 조용한 장소로 가서 가만히 앉아 눈을 감고 공기를 아랫배까지 채운다는 생각으로 심호흡해보자. 그 다음, 몇 분 동안 몸과 마음을 차분히 가라앉히고 긴장을 풀어보자.

여기까지 했으면 이제는 미래로 시간 여행을 떠나보자. 이제 여러분은 임종을 앞두고 인생의 발자취를 조금씩 더듬는다.

가장 감사한 일은 무엇이며, 여러분에게 가장 큰 기쁨을 준 것은 무엇인가?

그런 다음에는 정반대의 것에 대해 생각해보자. 눈을 감기 전 가장 후회되는 것은 무엇이며, 무엇 때문에 소중한 시간과 에너지를 낭비했다고 한숨 쉴 것인가? 어떻게 그런 길에 들어서게 됐으며, 조금만 노력했다면 경험하지 않아도 됐을 일은 무엇인가? 이런 생각을 하는 과정이 고통스러울 수 있지만, 피하지 말고 정면으로 마주하면서 기억을 떠올려보자.

이렇게 몇 분 동안 머릿속에 무슨 생각이 떠오르는지 명확히 인식하고, 온갖 감정들을 마음껏 분출한 후 가슴속에 깊이 스며들도록 내버려두자.

그런 뒤에는 생각을 다시 정리해봐야 한다. 펜과 노트를 준비하자. 만약 미래의 여러분이 임종을 앞두고 지금의 여러분과 만난다면 어떤 조언을 들려줄지를 적어보자.

- 무엇을 하지 말라고 할까?
- 무엇에 도전해보라고 할까?
- 무엇에 힘을 쏟으라고 할까?
- 무엇이 시간 낭비라고 이야기할까?

이런 식으로 미래의 여러분에게 어떤 이야기를 들려줄지 계속해서 상상해보자. 물론 이 과정에서 개선이 필요한 부분을 발견하더라도 바로잡기까지는 시간이 꽤 걸릴 수도 있다. 그

러나 결실을 얻기 위해서 무엇을 조금씩 바꿔나갈지 생각하고
꾸준히 실천해나가는 것이 중요하다.

이제 미래의 여러분에게 더는 시간을 낭비하지 않을 것이
며, 뼈아픈 후회를 남기지 않도록 개선해나가겠다고 약속하자.
그리고 오늘부터 첫걸음을 떼자.

앞으로도 종종 눈을 감고 미래의 여러분과 대화를 나누는
상황을 상상해보자. 만약 미래의 여러분이 지금의 모습을 보고
인상을 잔뜩 찌푸리고 있다면 잘못된 습관과 행동을 과감히
뜯어고쳐야 한다.

이 수련은 인생의 등대가 되어 여러분의 앞길을 밝게 비춰
줄 것이다.

DAY

30

자연의 이치 깨닫기

정원 가꾸기는 삶의 속도를 늦추고 땅을 가까이하기에 가장
좋은 방법이다. 이를 통해 우리는 인내하는 법을 배우고 생명
의 주기에 대해서 이해할 수 있다. 씨앗을 뿌린 뒤 싹이 트기까
지는 시간이 필요하고, 식물의 종류에 따라 원하는 결과를 얻
기까지 몇 달씩 소요되기도 한다.

결실은 기다리는 이들에게만 찾아오는 법이지만, 우리는
언제나 즉각적인 쾌락을 원하며 바삐 살아간다. 웹페이지가 뜨
는 데 몇 초만 더 걸려도 답답해하고, 신호등이 바뀌었는데도
앞차가 바로 출발하지 않으면 뒤에서 빵빵거리기 일쑤다.

정원을 가꾸다 보면 이렇게 성급한 성질을 누그러뜨릴 수
있다. 생명이 자라는 데는 시간이 필요하고 자연의 리듬에는
주기가 있다는 것을 차차 깨닫게 될 것이다. 그리고 씨앗을 심
어야 할 때가 있으면 수확해야 할 때도 있듯이 일해야 할 때가

있으면 쉬어야 할 때도 있다는 것도 느끼게 될 것이다.

오늘은 그 어떤 것에도 방해받지 않도록 시간을 정해서 화초들을 어루만지자. 이파리를 살펴보고, 흙의 향기를 맡으며, 필요하면 가지치기도 해주고 꽃과 나무가 저마다 어떻게 자라고 있는지 잘 살펴보자. 그동안 집에서 화초를 가꾸지 않았다면 이번에 들여놔보자. 작은 토마토 나무 한 그루여도 좋고 공간이 넉넉지 않다면 작은 선인장을 사도 좋다. 여기서 핵심은 식물 또는 씨앗을 가까이하고 영양분을 공급해주는 것이다.

우리는 정원 가꾸기를 통해 삶을 더욱 건강하게 누릴 수 있고, 마음의 평화를 얻게 된다. 식물을 키우는 것, 즉 물을 주고 흙을 점검하는 등 규칙적으로 살펴보는 일은 일종의 의식을 치르는 행위다. 그 과정을 천천히 즐기며 더욱 잘 키울 수 있도록 계획을 세워보자. 진취적인 자세로 앞으로의 계획을 수립하다 보면 그동안 쌓인 스트레스가 점차 해소될 것이다.

흙에 손을 묻고 그 속에서 자라는 생명을 어루만져보자. 흙을 만지고 생명과 연결되는 순간 마음속에 강력한 회로 하나가 작동하기 시작할 것이다. 이미 경험해봤다면 이 말이 무슨 뜻인지 알 것이다. 만약 이 모든 게 처음이라면, 머지않아 경험하게 될 놀라운 그 느낌을 한껏 즐겨보자.

DAY

31

충분히 생각하기

'세 번 재고 한 번에 베라'는 말은 예로부터 목수들 사이에서 전해 내려오는 속담이다. 언뜻 들으면 준비 작업에 공을 들이라는 말처럼 들리지만, 진짜 속뜻은 귀중한 돈과 시간을 아낄수 있도록 불필요한 실수를 줄이라는 것이다. 어떤 일을 할 때 신중하게 접근하고 계획을 수립하는 것은 더 나은 삶을 위해 꼭 필요한 일이지만, 현대인들은 이와는 다소 거리가 있는 인생을 살고 있다.

오늘날 많은 사람이 성급하게 결정을 내린다. 우리는 다양한 마케팅 기법에 현혹된 나머지 쇼핑할 때 정말 가치가 있는 물건인지 따져보지도 않고 충동적으로 결제하곤 한다. 이와 같은 경향은 비단 쇼핑뿐 아니라 삶의 다양한 영역에까지 퍼졌다.

오늘은 속도를 조금 늦춰보자. 절차에 따라 어떻게 업무를 추진할지 사전에 충분히 생각해둘수록 일은 훨씬 쉽게 풀린다.

다시 말해 계획 수립 실패는 실패하기로 계획하는 행위나 다름없다.

여러분은 성급하게 결정 내린 뒤 번복하느라 얼마나 많은 시간을 낭비하고 있는가? 예를 들어 불필요한 물건을 산 뒤에 반품하느라 다시 매장에 방문한다면, 이는 충동적으로 잘못 내린 결정 때문에 오늘의 소중한 시간을 날려버리는 바람직하지 못한 사례다. 살면서 이와 비슷한 일을 경험한 적이 있는지 한 번 생각해보자. 성급하게 행동할수록 좋지 않은 결과가 부메랑이 되어 돌아오기 쉽다.

여러분은 해야 할 일이 잔뜩 쌓여 있으면 당장 달려들기부터 하는가, 아니면 어떻게 공략해나갈지 미리 작전을 짜는 성격인가? 해야 할 일이 많을 때는 전체 그림을 그린 뒤 세부적인 업무를 구상하면 더 만족스러운 성과를 낼 수 있다. 여기서 핵심은 에너지를 어디에 얼마나 투입해야 할지 정확히 인식할 수 있도록 사전에 틀을 잡아놓는 것이다. 앞으로는 무슨 일을 해야 할지 계획을 세우고 마인드맵을 그린 뒤 전략을 수립하는 데 충분한 시간을 할애하자. 그리고 이런 활동을 하는 데 필요한 시간을 따로 비워놓고 달력에 표시해두자.

에너지를 소모한다는 것은 돈과 시간을 쓰는 것과 같다는 점을 반드시 기억해두자. 돈과 시간이 여러분의 곁에서 사라지는 것은 순식간이다. 행동하기 전에 충분히 생각하는 습관을 기르면 시간, 돈, 에너지 모두를 여러분에게 도움이 되는 방향으로 활용할 수 있다.

DAY

32

소음에 귀 기울이기

우리는 온갖 소음으로 가득 찬 세상에서 살고 있으며, 이제는 소음으로 인한 공해를 익숙하게 받아들인다. 하지만 우리의 뇌는 어떤 소리가 들릴 때마다 꼬박꼬박 '지금 안전한 상태인가?'라는 질문을 던진다. 이런 상태가 어느 정도 지속하면 피로가 쌓일 수밖에 없다. 소리는 기본적으로 진동이기 때문에 우리가 의식하든 의식하지 않든 저마다 다른 크기와 속도로 파장을 그리며 두뇌에 자극을 주기 때문이다. 소음이 울릴 때마다 우리 몸 각각의 세포는 요동을 친다.

소리가 끊임없이 신경을 자극할 경우 시간에 대한 인식은 어떻게 달라질까? 시간이 빨리, 또는 늦게 흐르는 것 같은 느낌이 들까? 이는 결국 소리가 얼마나 조화를 이루고 있는지, 그리고 그것을 여러분이 어떻게 인식하는지에 따라 달라진다. 오늘 공공장소에 가서 주변에서 들려오는 소음에 귀를 기울여보자. 듣기 좋은 소리인가, 아니면 '당장 이곳에서 벗어나야겠다'라고 느낄 만큼 몸에서 거부 반응이 일어나는가? 아이들은 소음을 걸러낼 능력이 없어 시끄러운 장소에 가면 울며 짜증을 낸다. 그만큼 소음이 인체에 불쾌감을 일으키는 것이다.

우리와 같은 성인은 어떨까? 아이들과는 달리 성인에게는 소음을 견뎌낼 수 있는 심리적 방어기제가 존재한다. 그렇다면 왜 소리 때문에 신경이 사나워졌다가도 어떤 때는 마음이 누그러지기도 하는 것일까?

오늘은 그 이유가 무엇인지 살펴보자. 몇 초간 주변에서 들려오는 모든 소리에 귀 기울여보고 이렇게 온종일 몇 차례에 걸쳐 소음을 들으며 마음속에서 어떤 변화가 일어나는지 감지해보자.

물론 소음이 귀에 거슬리면 자리를 옮길 수도 있고, 조용히 해달라고 부탁하거나 아예 소음을 차단해주는 헤드폰을 쓰고 음악을 듣는 방법도 있다. 소음을 끝까지 참고 견뎌내 보라는 이야기를 하려는 게 아니다. 누구도 시끄러운 환경을 이겨낼 수는 없다. 단지 그러한 상황을 언제, 어떻게 벗어날 것인가가 관건일 뿐이다.

잠시라도 소음에 노출해보라고 이야기하는 이유는 바로 그렇게 해야 시간을 정복하는 경험을 할 수 있기 때문이다. 오늘은 어디를 가든 주변에서 들려오는 소리에 귀를 기울이며 자신에게 다음과 같이 물어보자.

"이 소리가 나의 기분을 좋게 해주는가, 아니면 불편하게 하는가?"

이런 수련을 하다 보면 여러분이 머물러 있는 공간의 특성뿐만 아니라 그곳에서 흐르는 시간의 특성에 대해서도 잘 이해할 수 있다. 그리고 이렇게 시간과 공간에 대한 감각이 형성되고 나면 여러분이 지금 어디에 있으며 앞으로 어느 방향으로 나아가야 할지 올바로 판단할 수 있다. 그리고 소음이 여러분의 기분에 어떤 영향을 주는지도 더욱 잘 이해하게 될 것이다.

DAY

33

규칙적으로, 자주, 짧게 쉬기

오늘은 아주 짧은 시간 동안 휴식을 취하는 연습을 해볼 것이다. 25분마다 5분씩 쉬도록 휴대폰으로 타이머를 설정해보자. 그리고 알람이 울릴 때마다 반드시 하던 일을 멈추고 잠깐 숨을 돌려보자.

처음에는 조금 망설일 수도 있다. 늘 할 일이 태산 같기 때문이다. 하지만 나를 믿고 꼭 한번 실천해보길 바란다.

25분마다 5분씩 쉰다는 것은 한 시간에 두 번 쉰다는 의미이다. 자, 그럼 5분 동안에는 무엇을 해야 할까?

우선 자리에서 일어나서 1분간 스트레칭을 해보자. 몸이 시키는 대로 마음껏 기지개를 켜면 된다. 경직된 느낌이 드는 부위를 중심으로 긴장을 풀어보자. 방법은 단순하다. 뻐근한 부분에 숨을 불어넣는다는 기분으로 스트레칭을 하고 숨을 들이마시면서 긴장이 서서히 풀린다고 상상해보자.

그런 뒤에는 스쿼트, 런지, 팔굽혀펴기, 팔벌려뛰기를 몇 번 하거나 잠시 다운 워드 도그$^{Downward\ dog}$ 자세●를 취하면서 2~3분간 혈액 순환에 도움 될 만한 운동을 하고 나머지 시간에는 물을 마시거나, 화장실에 다녀오는 등 필요한 용무를 보자.

단 5분만 할애하면 되니 해야 할 일을 제때 처리하지 못할까 봐 너무 마음 졸일 필요 없다. 하루 8시간 동안 일한다면 16번 쉬는 것이고 다 합쳐봐야 80분에 불과하다.

이렇게 하면 여러분에게 어떤 도움이 될까? 가장 먼저, 혈액 순환이 원활해지기 때문에 그만큼 활기를 유지할 수 있다. 혈액 순환이 잘 될수록 두뇌에 산소가 충분히 공급될 뿐만 아니라, 근육의 당 대사$^{Sugar\ metabolism}$●●도 촉진되고 안정시 대사율도 끌어올릴 수 있다. 이는 자리에 가만히 앉아 있기만 해도 평소보다 더 많은 칼로리를 태우게 되는 것을 의미한다. 또, 정신을 맑게 유지하고 일에도 더 잘 집중할 수 있다. 이런 각성 효과는 카페인을 섭취했을 때보다 더 뛰어나다.

틈틈이 쉬면서 짧게 운동하는 것의 또 다른 장점은 바른 자세를 유지하는 데 도움이 된다. 오랜 시간 앉아있으면 어깨는 안쪽으로 굽고 근육이 뻣뻣해지면서 허리에 무리가 가고 몸이 점점 쇠약해진다. 따라서 자주 일어나서 몸을 활발히 움직이면 이를 예방하는 데 큰 도움이 된다.

● 강아지가 기지개를 켜듯 엎드린 상태에서 엉덩이를 높이 들어 올려 몸을 ㅅ자 모양으로 만드는 운동
●● 탄수화물을 통해 얻은 에너지를 저장하고 다시 꺼내 쓰는 과정

그러니 오늘은 타이머를 맞추고 수시로 휴식을 취해보자.

최악의 시나리오는 이렇게 했는데도 별다른 효과를 보지 못해서(물론 그럴 리는 없다) 내일 다시 원래의 습관으로 돌아가는 것이다. 그러나 온몸에서 샘솟는 활력과 상쾌한 기분을 한번 경험해보고 나면 여러분은 이 습관을 삶의 중요한 부분으로 받아들이고 다시는 과거의 모습으로 돌아가지 않을 것이다.

몸과 마음의 휴식을 위해 기꺼이 시간을 투자하자. 당장은 아깝다고 생각할 수도 있는 이 시간은 더 많은 에너지를 확보하고 탄탄하고 유연한 몸을 갖게 되면서 금방 보상받을 것이다.

DAY

34

미소 짓기

오늘 우리가 수련해야 할 내용은 단순하다. 온종일 미소 짓는 연습을 하는 것이다. 억지로 또는 과하게 웃을 필요는 없다. 살짝 미소 띤 표정으로 상대방과의 사이를 좁혀보자.

미소만으로 상대방과의 거리를 좁힐 수 있는 이유는 무엇일까? 누구나 미소 앞에서는 부드럽게 행동하기 때문이다. 웃는 얼굴은 어색하거나 딱딱한 분위기를 부드럽게 만들어준다. 주변을 돌아보면 많은 이들이 찌푸린 얼굴로 살아간다. 어쩌면 여러분도 조금 전까지 그중에 한 사람이었는지도 모른다.

오늘은 다른 사람들과 눈이 마주칠 때마다 가슴에서 우러나온 따뜻한 미소를 선물해보자. 조건 없이, 즉 상대방이 반응하지 않거나 인상을 찌푸리더라도 기분 상해하지 말고 계속 미소 지어보자. 그런 반응을 하는 것은 어디까지나 그들의 문제이기 때문이다. 여러분이 할 일은 오늘 하루 동안 따뜻한 온기와 사랑을 주위에 퍼뜨리는 것이다.

만약 여러분이 평소 사람들과 자주 어울리는 성격이 아니라면 사람들이 모이는 곳에 가서 오늘의 수련을 수행해보자. 얼굴에 미소 띤 채로 걷거나 할 일을 하면 된다.

이렇게 한 뒤 하루가 저물어 갈 때쯤에는 오전에 비교해 어떤 차이가 있는지 살펴보자. 평소와는 다른 기분이 든다면, 그 이유는 무엇일까?

미소는 적절한 시기에 얼음장 같은 분위기를 깨주는 강력한 도구다. 여러분의 미소 하나로 다른 사람의 운명을 바꿀 수도 있다. 어쩌면 자살하려던 사람을 구했을 수도, 누군가가 더 좋은 결정을 내리는 데 보탬이 됐을 수도 있다. 작지만 아름다운 미소는 따뜻함이 필요한 사람들을 발견하고 그들의 마음을 이해해준다.

아름다운 미소로 주변에 따스함을 한껏 퍼뜨리고, 여러분의 삶이 얼마나 달라질지 지켜보자.

DAY

35

관성에서 벗어나기

여러분은 샤워하는 것을 좋아하는가? 그렇다면 그 이유는 아마 누구에게도 방해받지 않는, 하루 중 가장 편안한 시간이기 때문일 것이다. 혹은 따뜻한 물로 근육의 긴장을 풀기 때문일 수도 있다. 이렇듯 샤워는 피로를 날려버리기에 더할 나위 없이 좋은 방법이지만, 몇 가지 조심해야 할 것이 있다. 수돗물에는 염소 성분이 포함되어 있는데, 제대로 걸러지지 않으면 피부나 폐를 통해 몸속에 유입될 수 있다.

또한, 너무 오랫동안 뜨거운 물을 사용하는 것은 환경에도 해롭다. 전 세계가 물 부족 현상 때문에 힘들어하며, 차가운 물을 따뜻하게 데우려면 연료를 투입하고 이산화탄소를 배출해야 하기 때문이다. 화석연료를 확보하려고 전쟁까지 벌이는 것이 오늘날의 지구촌 모습이다.

게다가 샤워를 너무 오래 하는 것은 시간 낭비다. 필요 이상으로 긴 시간 물줄기를 쐬고 있을 이유가 없다. 오늘은 적은 시간을 들이고도 충분한 휴식을 취할 수 있는 다른 방법을 살펴보자. 아침마다 스트레칭하거나 틈틈이 마사지를 받는 것은 어떨까? 자신에게 진정으로 도움이 되는 것이 무엇인지 잘 찾아보고 선택하자. 오늘 수련의 핵심은 별다른 이유 없이 버릇처럼 하는 일이 무엇인지 확인하는 것이다.

샤워는 매일 하다 보니 거의 무의식적으로 반복하는 일이 되어 버렸을 것이다. 게다가 샤워할 때 물줄기를 계속 쐬면서 정신은 딴 데 두고 머릿속에서 계속 맴도는 복잡한 일에 대해 생각하곤 하는데, 이러는 동안 물과 돈은 헛되이 버려진다.

충분한 휴식이 필요하다면 욕조에 들어가는 것도 좋은 방법이다. 목욕물에 엡섬솔트^{Epsom salt}●를 넣고 캔들로 분위기를 낸 뒤, 피로가 풀릴 때까지 몸을 담그자.

이처럼 일주일에 두 번 정도 욕조에 몸을 담그면 샤워기 밑에서 보내는 시간을 줄여도 되지 않을까? 습관적으로 샤워에만 의존하지 말고 여러분이 진정으로 원하는 게 무엇인지 찾아보자. 시간을 많이 들이지 않고도 마음의 안정을 취한다면 그동안 미뤄왔던 일들을 처리할 수 있는 여유를 얻게 될 것이다.

● 무기염·마그네슘·황 및 산소가 함유된 입욕제로, 피부를 통해 체내에 마그네슘을 공급하여 혈액 순환 및 피로 회복에 도움을 줌

DAY

36

쓸데없는 일 잘라내기

오늘은 여러분이 벌려놓은 일이 얼마나 되는지 헤아려보자. 보통은 한번 벌려놓고 나면 그 뒤로는 과연 여전히 도움이 되는 일인지 아닌지를 거의 따져보지 않기 때문에, 해야 할 일은 시간이 갈수록 점점 불어난다. 이 중에는 결혼 생활, 자녀 양육, 경력 개발, 건강 관리, 관계 구축 등 평생 끌고 가야만 하는 일도 있고, 될 수 있으면 정리해야 하는 일도 있다. 오늘은 여러분이 시작한 일 중에서 도움이 되는 일은 무엇이고, 도움이 되기는커녕 에너지만 갉아먹는 일은 무엇인지 살펴보자.

우선 해야 할 일과 하기로 한 일을 모두 떠올린 뒤 목록으로 정리해보자. 예를 들어 강아지를 키우기로 했다면 먹이를 주고 사랑으로 보살피며 함께 산책도 해야 하며, 집을 얻었다면 늘 정리하고 정돈해야 한다. 그리고 나이 드신 부모님을 모시고 산다면 챙겨드려야 할 것이 많다. 먼저 큼지막한 일 중심으로 노트에 적고 나면 다음 학기에 이수해야 할 수업, 참석하기로 한 독서 모임, 현재 한창 진행 중인 주택 개보수 작업 등 상대적으로 작은 일들이 차례로 머릿속에 떠오를 것이다. 아무튼, 해야 할 일 목록에는 한 가지도 빼놓지 말고 모두 적어보자.

우리는 매년 수백만 개나 되는 자잘한 일거리를 만들어낸다. 식사 약속에 승낙하는 것부터 결혼식 초대에 응하고 생필품을 사는 것까지 모든 게 일거리를 늘리는 행위다.

여러분은 목록을 정리하면서 그동안 얼마나 많은 일에 손댔는지를 깨닫고, 다른 사람이 함께하자고 제안할 때 왜 '아니오'라고 과감하게 대답하지 못했는지 반성하게 될 것이다. 어떤 초대나 제안을 받았을 때 '예'라고 대답하는 순간 우리는 그 일에 상당한 에너지와 시간을 투입해야 한다. 현실적으로 어떻게 그 많은 일을 처리할 수 있겠는가? 비단 여러분만의 문제가 아니라 현대 사회가 겪는 위기라고 해도 과언이 아니다. 많은 사람이 시간은 한정되어 있는데 그 안에 너무 많은 일을 욱여넣으려 하고, 그로 인해 극심한 피로에 시달리기 때문이다.

인생의 주인이 되고 싶다면 자신에게 남아 있는 시간과 에너지를 분명히 확인한 뒤 현실적으로 감당해 낼 수 있는 일들만 걸러내야 한다.

오늘은 해야 할 수많은 일을 살펴보면서 이 중에서 꼭 하지 않아도 될 일을 추려보고, 지금이라도 중단하는 것은 어떨지 생각해보자. 어떻게 해야 남들에게 상처를 주지 않으면서 자연스럽게 그만둘 수 있을까? 갑자기 중단하는 것보다는 단계적으로 덜어내는 것도 좋은 방법이다. 시간과 에너지를 소모하는 일을 잘 살펴보고 그에 맞는 탈출 전략을 잘 짜보자. 물론 처음에는 '예'라고 했던 일들을 '아니오'라고 바꿔 말하기는 매우 어렵겠지만, 어느 정도 익숙해지면 앞으로 누군가가 새로운 제안을 할 때 자연스럽게 거절할 수 있을 것이다.

잡다한 일로 가득 채워져 있던 일정표를 깨끗하게 정리하고 나면 기분이 얼마나 상쾌해질지 그리고 얼마나 많은 시간을 새로 확보할 수 있을지 한번 상상해보라. 그리고 앞으로는 해야 할 일을 감당할 수 없을 만큼 산더미처럼 쌓아놓는 일이 없도록 불필요한 일을 제안받았을 때는 정중히 거절하고 필요 없게 된 일은 바로바로 정리하는 습관을 기르자. 스트레스가 극심한 상황에서는 활기찬 생활을 누릴 수 없으며, 좋아하는 일을 즐길 틈이 없으면 인간다운 삶을 살 수 없다.

DAY

37

업무 환경에 변화 주기

직장에서는 머리가 무겁고 가슴이 탁 막힌 것 같은 기분이 들 때가 있다. 당장 처리해야 할 업무들 때문에 늘 바쁘고, 회의에 참석하거나 새로운 프로젝트를 시작하기라도 하면 엄청나게 많은 시간을 쏟아부어야 하기 때문이다. 그래서 어떤 날은 거의 자신을 챙길 여유조차 갖지 못한다.

오늘은 업무 환경에 약간의 자극을 주려 한다. 책상 위에 놓인 물건의 위치를 바꾸거나 벽에 걸려 있는 것들을 재배치하고 할 수 있다면 자리 위치를 조금이라도 바꿔보자. 여기서 핵심은 업무 환경에 변화를 줘서 오래 묵은 관성을 깨는 것이다.

여러분은 책상 위에 놓인 것들에 이미 너무나도 익숙한 상태다. 이러한 익숙함은 정신을 무디게 만들고 번뜩이는 생각과 창의력을 앗아간다. 그러나 공간에 변화를 주면 정신을 맑아지고 두뇌 회전도 빨라진다.

가능한 한 많은 것들의 위치와 순서를 바꿔서 새로운 공간으로 꾸민 뒤, 어떤 느낌이 드는지 자기 자신에게 물어보자. 화분에 물을 주거나 잎이 햇볕을 쐬도록 창가 쪽으로 옮겨보는 건 어떨까? 사진에 쌓인 먼지를 털어 내거나 한가득 쌓인 문서를 정리하는 것도 좋다. 주변이 어수선하면 맑은 정신을 유지하기 어렵다. 업무 공간의 분위기가 묵직하면 삶의 활력 또한 잃어버리기 쉽다. 물론 여러분도 그러기를 바라지는 않을 것이다.

물건의 위치를 이리저리 바꾼 뒤 기분이 어떤지 느껴보고, 그런 다음에는 지금 하는 일에 대해서 한번 생각해보자. 아직도 뭔가 탁 막힌 기분이 든다면, 예전부터 하기로 했던 일들을 처리해서 마음의 짐도 덜어내 보면 어떨까?

머릿속이 어수선한 사람은 대부분 자기 자리나 주변도 어수선한 상태로 방치한다. 우선 눈에 보이는 것부터 정리한 후 마음속에 있는 것들도 정돈하면서 이 과정 자체를 즐겨보자.

DAY

38

몽상에 잠기기

여러분은 종종 몽상에 잠기곤 하는가? 그 몽상 속에서 어디로 떠나며, 또 무엇을 생각하는가?

우리는 종종 과거의 어떤 일이 이런 식으로 흘러갔으면 어땠을까 하고 생각해 보거나, 겁이 나서 하지 못했던 일들을 해보는 상상을 하고는 한다. 여러분은 아마도 따분한 일상에서 벗어나 휴가를 떠나 찬란한 햇빛을 즐기는 상상도 할 것이다.

많은 사람이 몽상을 마치 일하는 데 방해가 되는 요소인 것처럼 여기고 있지만, 몽상에 잠기는 것은 지극히 정상적인 행동이고 건강에도 도움이 된다. 우리에게는 생각과 감정을 마음껏 표출하기 위한 배출구가 필요하다. 사실 이는 밤에 잠자고 꿈을 꾸면서 해소해야 하지만, 안타깝게도 최근 많은 사람이 여러 가지 이유로 수면장애를 겪는다. 밤에 충분히 잠을 자며 생각과 감정을 충분히 정리하지 못하면 낮에라도 어느 정도 보충해야 한다. 이는 두뇌 건강을 위해서 꼭 필요한 일이다.

최근에 가장 마지막으로 몽상에 잠겼던 때를 떠올려보자. 괜찮은 몽상이었는가, 아니면 너무 나아갔었는가? 몽상하면서 지난 기억들을 떠올리고 그로부터 필요한 정보를 얻었는가, 아니면 그냥 단순히 상상의 나래만 펼쳤는가? 우리는 눈앞에서 벌어지는 일에 신경 쓰지 못하고 자꾸 과거의 일에 매몰되곤 한다. 이는 일종의 정신적 소화 불량이고 우리 모두 여기에 책임이 있다. 늘 생각할 거리를 과도하게 쌓아놓기만 하고 제때 처리하지 않기 때문에 방금 일어난 일에 대해서 생각해볼 겨를이 없기 때문이다.

어쨌든 일단 쌓아놓은 생각에 대해서는 언젠가는 반드시 처리해야 한다. 어쩌면 한참 전에 쌓아놓은 생각을 방금 처리했을지도 모른다.

만약 몽상하는 것이 그동안 여러분의 삶에 크게 도움이 되지 않았다고 생각한다면 그 이유가 무엇인지 살펴보고, 어떻게 해야 방해받지 않고 몽상할 수 있을지 구상해보자. 산책하거나 그림을 그리면서 몽상에 빠지는 것도 좋다. 각자에게 적합한 방법을 찾아보길 바란다.

여러분은 마음의 안정을 유지하기 위해 생각과 감정을 어떤 방식으로 표출하는지 생각해보자. 몽상은 잘못된 일이 아니다. 그동안은 몽상이 일하는 데 방해가 될 뿐이라고 생각했는지도 모른다.

오늘은 잠시나마 모든 것을 제쳐두고 몽상에 잠겨보자. 여러분이 가고 싶은 여행지의 모습을 머릿속에 떠올린 뒤 풍경을 감상하고, 그곳에서 들려오는 소리를 들으며, 촉감을 느껴보자. 눈을 감고 지금 그곳에 서 있다고 상상하면서 이곳저곳을 거닐며 탐험해보자. 이렇게 20분 정도 상상 속의 여행을 떠나보자.

이렇게 해보니 어떤 느낌이 드는가? 몽상은 스트레스를 풀고 고주파 베타파*를 낮추는 데 도움이 된다. 그리고 세타파를 증폭하여 바쁘게 생활하는 사람들이 두뇌 건강을 유지하는 데 큰 도움이 된다. 세타파는 두뇌가 쉬어갈 수 있게 해주는 편안한 파장이다.

이렇듯 몽상은 여러분의 삶에서 엄청나게 큰 치료적 효과를 발휘한다. 그러니 맘껏 즐겨보라. 많은 사람이 몽상에 빠지는 것에 죄책감을 느끼고는 하는데 절대로 그럴 필요가 없다. 여러분은 당연히 그럴 자격이 있다.

● 긴장과 불안을 동반하는 20~35Hz 사이의 뇌파

DAY

39

시간 사용 내역 점검하기

오늘은 우리의 시간이 어디로 흘러가는지 꼼꼼히 따져보고자 한다. 우리가 첫 번째로 해야 할 것은 시간이 어디서 새어나가는지 확인해보는 일이다. 하루 동안 무엇을 하는지 단 한 가지도 빼놓지 말고 있는 그대로 노트에 적어보자.

우선 휴대폰과 필기도구를 준비하고 알람을 15분마다 울리도록 설정한 후, 알람이 울릴 때마다 15분 동안 무엇을 했는지 빠르게 적어보자. 필요한 만큼 상세히 적고 비효율적으로 시간을 보냈다면 해당 항목에 별표를 치자. 아침에 일어나서 밤에 잠들 때까지 이를 계속 반복해보자.

고통스럽게 느껴질 수도 있지만 한 번 하고 나면 유의미한 자료를 얻을 수 있다. 15분마다 무슨 일을 했는지 기록하라고 했다고 절대로 쉬거나 빈둥거리지 말라는 뜻은 아니다. 오히려 목표는 죄책감 없이 쉴 수 있는 시간을 좀 더 늘리는 것이다.

오늘은 별다른 소득 없이 바쁘기만 한 일들이 무엇인지 잘 살펴보고 효율을 높여야 할 일과 무의미한 일이 무엇인지 확인하여 쉬거나 운동할 시간을 확보하자. 자신이 하루를 어떻게 보내는지 철저히 조사하는 습관을 기르면 흘려버리기 쉬운 시간을 단 30분이라도 되찾을 수 있다. 30분은 인생을 변화시키기에 충분한 시간이다.

로봇처럼 살아야 한다거나 앞만 보고 달리라는 말을 하고 싶은 것이 아니다. 단지 시간을 효율적으로 잘 쓰기 위해 의식적으로 노력하자는 것이다. 우리의 에너지가 행복 지수를 높이는 데 쓰이는지 아니면 별다른 의미 없이 낭비되는지를 잘 알아야 한다. 알차게 잘 사용한다면 앞으로도 그 습관을 잘 유지해야 하며, 낭비가 눈에 띈다면 바로 잡으려고 노력해야 한다.

DAY

40

자본이 스스로 일하게 하기

오늘은 시간을 돈을 벌기 위한 유일한 수단으로 여기는 잘못된 습관에서 어떻게 하면 벗어날 수 있을지 한번 생각해보고자 한다.

요컨대 시간을 오롯이 돈을 버는 데 쏟아붓기에는 우리의 인생이 너무나도 짧으며, 시간을 덜 투자하고도 수입을 늘릴 방법은 찾아보면 얼마든 있다는 것이다. 그리고 그렇게 번 돈으로 사실상 시간을 사들이는 효과를 거둘 수도 있다. 예를 들어 휴가를 통해 에너지를 충전하거나 운동을 통해 체력을 키울 수도 있으며, 사랑하는 사람들과 뜻깊은 시간을 보낼 수도 있다. 즉 삶의 질을 향상하는 데 재투자할 여력이 생긴다는 이야기다.

가장 이상적인 시나리오는 그다지 에너지를 많이 투입하지 않아도 넉넉히 벌어들일 수 있는 수입원을 개발하는 것이다. 한번 개발하고 나면 현재의 직장에서 계속 일할지 말지를 마음 편하게 결정할 수 있다. 그리고 번 돈은 저축하거나 자기 계발하는 데 쓸 수도 있고, 유유자적하며 살거나 온종일 정원을 가꾸며 시간을 보낼 수도 있다. 더는 어딘가에 매인 몸이 아니기 때문이다.

보통 자본주의 하면 돈을 벌기 위해 쳇바퀴 돌듯 하루하루를 살아가는 모습을 연상하기 쉽다. 그러나 자본이 스스로 일을 해서 우리 삶의 질을 높여주는 모습이야말로 자본주의가 세상에 처음 등장하면서부터 줄곧 제시해온 이상향이다. 시간에 구애받지 않고 돈을 벌 수 있다면 여러분은 남아도는 시간과 돈을 어디에 사용할 생각인가?

오늘은 어떻게 해야 이런 꿈을 이룰 수 있을지 생각해보자. 아이디어가 떠오를 때마다 노트에 자유롭게 기록하고, 나중에는 이를 바탕으로 생각을 조금 더 구체화해보자. 그리고 아이디어가 마음에 들고 현실성도 있다고 판단되면 실행 방안을 찾아보자. 물론 이 과정이 절대 순탄하지는 않겠지만(일확천금의 꿈은 일찌감치 버리자), 끈기를 가지고 생각을 구체화하다 보면 결국에는 시간의 굴레에서 벗어날 수 있는 날이 찾아올 것이다.

돈을 벌기 위해서 소중한 시간을 모조리 쏟아붓지 않아도 되는 삶을 꿈꾸자. 그리고 구체적이고 실행 가능한 계획을 세워서 그 꿈을 향해 한 걸음 앞으로 나가자.

DAY

41

기도하기

기도는 우리 삶에서 중요한 부분을 차지한다. 많은 사람이 매일 기도를 하며 마음의 평화와 위안을 얻고 신과 연결되어 있음을 느낀다. 요즘에는 주류 종교에 귀의하기보다는 자신만의 세계에서 답을 얻고자 하는 사람들도 점차 늘어나고 있다. 기도가 스트레스를 덜어주며 마음을 차분히 가라앉히는 데 큰 역할을 하며 건강에 도움이 된다는 것은 이미 여러 연구를 통해 증명된 바 있다. 여러분이 종교인이라면 기도를 하는 순간 신성하고 아름다운 세계에 잠시나마 다녀올 수 있겠지만, 비종교인이라면 공감할 수 없는 이야기일 것이다. 그렇다면 오늘은 기도를 통해 감사하는 마음을 갖는 날로 삼아보자.

기도의 본질은 신(또는 여러분보다 우월한 존재)과 함께할 기회를 마련하는 데 있다. 그러나 오늘은 너무 복잡하게 들어가지 말고, 어떤 형태가 됐든 자기 자신에게 도움이 되는 형태로 기도해보자. 물론 예전부터 따르던 전통이 있다면 원래 하던 대로 해도 된다.

10분 정도 시간을 내서 조용한 장소로 가자. 반드시 혼자 있어야 하며 휴대폰도 꺼놓아야 한다. 두 손을 가슴 앞쪽으로 모으고 얼굴에는 미소를 띠자. 그리고 몇 분 동안 심장으로 호흡한다는 생각으로 숨을 들이쉬고 내쉬며 가슴을 열고 온기를 채워보자.

몸과 마음의 안정을 찾았다면 이제는 여러분에게 고마운 존재를 모두 떠올리고 그들에게 감사하는 마음을 표현하자. 여러분이 그들로 인해 누리는 모든 것에 감사해야 한다. 몇 분간 이렇게 시간을 보낸 뒤에는 여러분이 아끼는 사람들을 생각하면서 가슴속에 따뜻한 온기를 불어넣고 마음의 눈을 통해 사랑과 감사하는 마음으로 그들을 한껏 끌어안아보자.

그런 다음에는 여러분이 아끼지는 않지만, 엄연히 인생의 한 부분을 차지하는 사람들에게 관심을 돌려보자. 누가 됐든 마음속에 첫 번째 후보를 떠올려보자. 왜 그 사람이 떠올랐는지 알 수 없겠지만 중요하지 않다. 이 사람도 마찬가지로 사랑과 따뜻한 마음으로 한껏 안으면서 얼굴에는 따스한 미소를 지어보자.

여러분이 신앙생활을 한다면 관습상 해야 할 의식을 마저 하고, 그렇지 않은 경우라면 보듬어 안아야 할 사람들을 계속 떠올리면서 그들에게 환한 빛을 선사해보자.

그러고 나서 다시금 여러분이 가진 것과 여러분에게 주어진 기회와 인생에서 만난 모든 사람에 대해 감사하는 마음을 갖자.

이 모든 기도를 끝낸 뒤에는 무작위로 대상을 정해서 착한 일 한 가지를 해보자. 단, 조건이 있다. 반드시 익명으로 해야 하며, 상대방에게 매우 의미 있고 도움이 될 만한 무엇인가를 해주되 결코 생색내서는 안 된다. 이와 같은 방식으로 선행을 베풀다 보면 조건 없이 사랑하는 방법을 배울 수 있을 것이다.

살면서 종교를 바꿀 수는 있지만, 가슴은 언제나 한결같이 남을 사랑하는 마음과 관용으로 가득 채워야 한다. 오늘은 여러분 마음속에 자리하고 있는 사랑과 관용을 발견하고 다른 사람에게 나눠줄 수 있도록 최대한 밖으로 끌어내보자.

DAY

42

분위기 이끌어가기

여러분과 분위기가 상당히 다른 사람들을 만나본 적 있는가? 아마 마음을 편안하게 해주는 사람이 있는가 하면 상당히 거슬리는 사람도 있었을 것이다.

이처럼 분위기가 다르거나 엇박자가 나는 것처럼 느끼는 이유 중 하나는 바로 시간에 대한 관념이 서로 다르기 때문이다. 시간에 대한 관념은 각자가 가진 고유 진동수에 영향을 미친다. 그리고 진동수가 큰 사람은 그렇지 않은 사람보다 성격이 활발하거나 급하며 목소리가 큰 경우가 많다. 윙윙거리며 귓가를 맴도는 파리를 예로 들어보자. 파리 때문에 자꾸 신경 쓰이고 불안해지는 이유는 녀석들이 우리보다 훨씬 더 활발하고 정신없이 움직이기 때문이다. 이와 반대로 마트 점원이 우리가 원하는 물건을 재깍재깍 찾아주지 못하고 굼뜨게 행동하면 어떤 기분이 드는가? 오늘 만약 여러분보다 진동수가 너무 크거나 적은 누군가 때문에 신경질이 난다면 어떻게 해야 상황을 개선할 수 있을지 한번 생각해보자.

우리는 아침에 일어나서 잠이 들 때까지 서로 다른 속도로 하루를 보낸다. 어떤 사람은 우리를 자신의 속도에 맞추려 하는데, 이런 행동은 우리에게 전혀 도움 되지 않을 때도 있다. 예를 들어 몸이 피곤해서 조금 쉬려고 했는데 카페인을 과다 섭취한 동료가 "오늘 한번 열심히 일해보자!"며 제안했다고 상상해보자.

그렇다면 어떻게 해야 이런 차이를 좁혀나갈 수 있을까? 그 첫 번째 단계는 바로 차이를 있는 그대로 인정하는 일이다. 시간의 체감 속도가 사람마다 다르다는 사실을 받아들여야 한다. 그러고 나서는 그 차이를 좁히려면 여러분이 상대방의 속도에 맞춰야 할지 아니면 반대로 상대방이 여러분의 속도에 맞추게 해야 할지 잘 생각해봐야 한다. 그런데 만약 함께 손발을 맞춰야 할 사람들이 지나치게 들떠 있거나 너무 성급하게 일을 처리하는 것처럼 느껴진다면, 과연 여러분은 원하는 만큼 분위기를 차분하게 가라앉힐 수 있을까?

당연히 그렇게 할 수 있다. 먼저 여러분부터 호흡을 가다듬고 심신을 차분히 가라앉히는 것부터 해보자. 아랫배까지 숨을 불어넣는다는 생각으로 스무 번 심호흡하되 숨을 내쉴 때마다 호흡하는 속도를 조금씩 늦추면 된다.

일단 이렇게 해서 차분함을 찾은 뒤에는 몸과 마음의 속도가 얼마나 느릿해졌는지 한번 살펴보자. 그리고 자신이 말하는 속도와 목소리의 억양을 스스로 점검하면서 마음에 들 때까지 계속 가다듬고 나서 사람들과 대화를 나눠보자. 그러면 여러분은 자신의 분위기를 차분히 가라앉히는 것만으로도 그들의 행동 변화를 쉽게 끌어낼 수 있음을 깨닫게 될 것이다. 즉 여러분이 먼저 마음의 평화를 찾고 나면 다른 사람들에게도 그만큼 쉽게 편안하고 안정된 분위기를 전파할 수 있다는 이야기다. 우리는 서로 끊임없이 영향을 주고받는다. 그리고 상대방과 부정적인 영향을 주고받다 보면 모두에게 고통스러운 결과가 초래된다.

오늘은 주변 사람들이 여러분에게 어떤 느낌을 주는지 잘 살펴보고, 만약 그 사람들이 여러분의 정신을 온통 사납게 만든다고 하더라도 피하지 말고 그들에게 긍정적인 영향을 전파해보자. 즉 심호흡하며 몸과 마음을 차분히 가라앉히고 자신이 안정된 어조로 말할 수 있는지 확인한 뒤, 사람들과 대화를 나누면서 차분하고 안정된 분위기를 퍼뜨리자.

여러분은 얼마든지 주변의 분위기를 더 혼란스럽게 또는 차분하게 만들 수 있다. 오늘은 여러분이 이 우주에 미치는 영향이 얼마나 큰지를 우선 주변 사람들과의 관계에 초점을 맞춰 직접 확인해보자.

DAY

43

소비 습관 개선하기

여러분은 얼마나 자주 돈 때문에 스트레스를 받는가? 아마도 꽤 자주 그렇다고 대답할 것 같다. 사야 할 것은 너무 많은데 그것들을 다 갖기에는 돈이 턱없이 부족하기 때문이다. 대량 소비 경제는 날이 갈수록 우리의 살림살이를 어렵게 하지만, 우리는 늘 신제품을 갖고 싶어 하며 새로운 트렌드에 따라가려고 안간힘을 쓴다. 생각만 해도 피곤한 일이다.

우리는 깊이 생각하지 않고 물건을 사고는 집에 도착한 뒤에야 그다지 필요 없는 것이었다고 깨닫는다. 우리는 자주 상술에 넘어가 어렵게 번 돈을 필요 없는 물건을 사는 데 쓰곤한다. 여러분을 행복하게 하는 데 전혀 보탬이 안 되는 것에 소중한 시간과 에너지를 소모한 것이나 마찬가지다.

오늘은 잠시 하던 일을 멈추고 여러분의 구매 행동을 깊이 있게 돌아보자. 기업들은 항상 여러분의 일상에 끊임없이 개입하면서 더 많이 소비하도록 부추긴다. 브랜드와 광고주는 여러 분이 자신들이 설치해놓은 덫에 걸려서 곧바로 물건을 사기를 바란다.

오늘은 그 유혹에 넘어가지 말자. 무엇인가를 살지 말지 결정해야 하는 상황이 되면, 30초 정도 여유를 두고 공기를 아랫배까지 채운다는 생각으로 심호흡을 해보자. 그런 후에 다음과 같이 자신에게 물어보자.

- 나에게 정말 필요한 물건인가?
- 얼마나 오랫동안 사용하게 될까?
- 다 쓰고 난 뒤에는 결국 어디로 가게 될까?
- 세상을 더 좋고 행복한 곳으로 만들어주는 물건인가?
- 이걸 사면 노동 착취나 성차별을 자행하는 기업을 도와주게 되는 것은 아닐까?

스스로 이렇게 물었는데도 필요한 물건이라고 판단하면 사도 좋다. 다만, 이런 연습을 할 때는 솔직하고 진지한 태도로 임해야 한다. 잘 생각해보면 소비 대부분은 무의식중에 돈(시간, 에너지)을 쓰고 행복 지수를 높이는 효과도 별로 없으면서 오히려 세상의 혼란만 가중한다는 것을 깨닫게 될 것이다.

즐거움을 만끽하고 내적 변화를 일으키기 위해서는 무엇을 해야 할까? 물질적인 것보다는 경험 자체에 비중을 두고 생각하자. 인생을 풍요롭게 만들어줄 멋진 경험으로는 어떤 게 있고, 그중에서 오늘 당장 해볼 수 있는 것은 무엇일까? 돈을 들이지 않고도 할 수 있는 경험도 있다. 오늘 하루는 여러분 자신에게 생생한 경험을 선물하고 돈은 될 수 있는 대로 쓰지 말아보자.

DAY

44

걷기

자리에 앉은 뒤 30분이 지나면 우리의 몸은 사실상 가동을 멈춘다. 혈류가 느려지고, 안정시 대사율이 감소하며, 자세유지근이 약해지기 시작한다. 그럴수록 노화되는 속도가 빨라지고 기력은 더디게 회복되며 에너지가 두뇌에 충분히 공급되지 못한다. 이 모든 게 단 30분 만에 벌어지는 일이다.

이와 같은 사실을 알게 됐으니 오늘 하루는 앉지 말고 서 있는 상태에서 생활해보자. 부득이한 상황이 아니라면 될 수 있는 대로 자리에 앉지 말고 업무 역시 서서 작업할 방법을 고민해보자. 주말이라면 더욱 앉아서 하는 활동은 삼가고 걷거나 서서 할 수 있는 활동을 찾아보자. 스트레칭하느라 바닥에 앉는 것은 괜찮지만 의자나 소파에 앉는 것은 금물이다.

연습을 하다 보면 그동안 우리가 얼마나 자주 앉아서 생활했는지 깨달을 수 있다. 우리는 회의할 때, 미팅할 때, 일할 때,

밥 먹을 때, 심지어 통화할 때도 자리에 앉는다. 오늘 하루는 통화 역시 걸으면서 하고 무엇을 먹든 서서 먹자. 물론, 이런 연습을 겨우 하루 해본다고 해서 무엇이 달라질까 하고 의구심을 품을 수도 있다. 하지만 잠시라도 해보면 자신이 그동안 어떤 패턴으로 살아왔는지를 분명히 깨닫게 될 것이다.

계속 선 채로 생활하다 보면 예전보다 뭔가 달라진 듯한 느낌을 받을 수 있다. 어쩌면 복근 쪽이 약간 욱신거릴 수도 있는데, 서 있는 자세를 유지하려면 복근을 사용해야 하기 때문이다. 이런 생활을 하다 보면 언젠가 식스팩을 가지게 될지도 모른다.

온종일 앉아 있는 습관을 깼을 때 얻게 되는 효과는 실로 엄청나다. 즉, 판에 박힌 생활에서 벗어날 수 있을 뿐 아니라 생리 작용이 정체되는 것을 방지하고 더욱 활기차게 생활할 수 있다. 그리고 몸을 더 자주 움직이고 더 많은 에너지를 태우다 보면 근육에 저장할 수 있는 에너지의 양도 증가한다. 이는 곧 그만큼 두뇌에 더 많은 에너지를 공급할 수 있다는 의미이기도 하다. 에너지를 더 효율적으로 태울수록 신진대사도 더 원활해진다. 에너지 처리량이 늘어나면 활력이 생기고 칼로리가 지방으로 저장되지 않으니 몸을 날씬하게 가꿀 수 있다. 우리는 맑은 정신과 밝은 기분으로 더 좋은 성과를 내고, 그 결과 더 많은 시간을 확보하는 데 필요한 기본 요건을 갖추게 될 것이다. 많은 에너지를 확보할수록 많은 시간을 얻는다. 여러분은 짧은 시간 내에 더 많은 일을 처리할 수 있고, 몸을 휘감고 있던 피로감과 권태감을 날려버릴 수 있을 것이다.

오늘 하루 이런 연습을 하면서 매일 얼마나 자주 앉아서 생활했는지 노트에 적어보자. 그동안 생리적 기능이 정체된 채로 얼마나 많은 시간을 보내왔는지 깨닫는 순간 매우 놀랄 것이다. 서서 생활하다 보면 저녁 즈음에는 근육에서 어느 정도 통증이 느껴질 수 있는데, 이는 과거 몇 년간 근육이 퇴화했기 때문에 비롯되는 현상이다. 그럴수록 더 자주 자리에서 일어나고 선 채로 일하는 것을 생활 습관으로 정착시키자.

온종일 부담 없이 걸어다니려면 편한 신발을 신자. 제자리에 서 있기만 하기보다는 걷는 게 낫다. 궁극적인 목표는 운동을 생활화해서 수많은 긍정적인 효과를 얻는 데 있다. 몸을 계속 움직이는 습관을 하루라도 빨리 여러분의 것으로 만들수록 더 나은 삶을 누릴 수 있다.

그렇다고 절대로 앉지 말라는 것은 아니다. 단지 그동안 얼마나 많은 시간을 앉아서 보냈는지 생각해보고, 하루 동안 이런 생활에서 벗어난 결과 어떤 효과를 얻게 될지 살펴보자는 것이다. 그 가치를 깨닫고 나면 자신이 너무 오래 앉아 있는 것은 아닌지를 늘 의식하게 될 것이다. 활기찬 라이프스타일에 한번 익숙해지고 나면 더 즐겁게 생활할 수 있다.

DAY

45

지금, 이곳을 만끽하기

젊을 때는 새로운 장소를 발견하면 '나중에 꼭 다시 와봐야지' 라고 생각하곤 한다. 하지만 점점 세상은 넓고 시간은 한정되어 있다는 사실을 깨닫기 시작하면서 한 번 방문한 곳을 다시 찾는 경우가 크게 줄어든다. 처음에는 이미 다녀간 사람들이 매긴 별점을 보고 설레는 마음으로 찾아가 보지만, 한 번 경험해본 뒤에는 똑같은 곳에 갈 바에야 차라리 한 번도 가보지 않은 새로운 곳에 가보자고 마음먹는다.

다음부터는 새로운 장소에 방문하거든 언제든 다시 올 수 있다는 믿음은 잠시 내려놓고 어쩌면 이번이 마지막이 될지도 모른다고 생각해보자. 아주 미묘한 차이지만 이렇게 생각하는 것만으로도 그동안 우리가 놓친 중요한 무엇인가를 되찾을 수 있다. 모양·질감·색깔 등 눈 앞에 펼쳐진 풍경과 사물에 관심을 두고 살펴보면 이 세계가 얼마나 경이로움으로 가득 차 있는지 깨닫게 될 것이다.

여러분은 오늘도 여느 때와 마찬가지로 아이들을 학교까지 바래다주고, 회사에 출근하고, 퇴근 후 귀가해서 잠을 청하는 등 틀에 박힌 하루를 보낼 것이다. 규칙적인 생활을 하는 것도 좋지만, 오늘은 조금 변화를 줘보자. 예를 들어 퇴근할 때 평소 잘 다니지 않거나, 한 번도 가보지 않았던 길로 가보는 건 어떨까? 굳이 거창하게 타히티나 피라미드를 방문할 것까지는 없다. 그저 낯선 거리를 거닐며 가로수가 자아내는 아름다운 정취를 맛보는 것만으로도 충분하다. 이 또한 새로운 경험이자 아름다운 추억이 될 수 있다.

어디를 가든 여러분이 새로이 접하는 모든 것들을 충분히 누려야겠다고 마음먹어보자. 우리는 언제든 버스에 치이거나 쓰나미에 휩쓸리거나 떨어지는 운석에 맞아 갑자기 세상을 떠나게 될 수도 있다. 물론 가능성이 낮은 이야기이기는 하지만, 어쨌든 죽음은 어디선가 갑자기 우리 곁을 찾아올 수도 있다. 어쩌면 오늘이 여러분 인생의 마지막 날일지도 모른다. 여러분은 틀에 박힌 일상에 갇힌 채 계속해서 좀비처럼 살아갈 것인가, 아니면 잠시 가던 길을 멈추고 아름다운 장미꽃의 향기를 맡으며 세상의 아름다운 정취를 한껏 즐겨볼 것인가?

'오늘'은 살아 있음을 맛보기 위해 존재하는 시간이다. 여러분이 머무는 장소는 신성한 곳이고, 지금 이 순간은 너무나도 특별하다. 주변에서는 늘 마법 같은 일이 벌어지지만 이를 알아보고 천천히 즐기려는 사람은 드물다. 몸은 이곳에 있어도 정신이 완전히 다른 곳에 팔려 있기 때문이다. 머릿속에는 미래에 대한 불안과 과거에 대한 후회가 어지러이 뒤섞여 있다.

오늘은 이런 잘못된 습관에서 벗어나 오로지 눈앞에 보이는 것들에 관심을 기울이고, 이곳에 다시는 오지 못할 수도 있다고 생각하며 순간순간을 충분히 즐겨보자. 눈앞의 풍경과 주변에서 들려오는 소리, 사물의 질감, 그리고 빛이 주는 따사로움을 만끽하자. 이렇게 하루를 보내고 나면 항상 머물던 장소라고 해도 다르게 보일 것이다. 여러분이 머무는 시간과 공간은 특별하다. 이를 깨닫는 순간 여러분은 비로소 시간을 멈추고 새로운 기분을 맛보게 될 것이다.

발걸음을 잠시 멈추고 주변에 펼쳐진 장엄한 풍경을 한껏 즐겨보자.

DAY

46

잡초 뽑기

첫째 날 수련했던 '인생 정원 가꾸기'를 다시 한번 생각해보자. 여러분이 애착을 가진 화초들이 잘 자라는지 확인한 뒤에는 그 옆에서 어떤 잡초가 자라는지도 반드시 점검해야 한다. 잡초들이 물과 영양분을 독차지하고 광합성을 방해하는 경우도 있기 때문이다.

오늘은 이런 관점에서 여러분의 삶을 돌아보자. 가장 잘 길러내고 싶은 화초는 무엇이며, 그 화초는 여러분이 주는 영양분을 제대로 빨아들이고 있는가? 아마도 정원에 잡초가 무성한 경우가 더 많을 것이다. 잡초는 공격적인 데다 마치 자기가 가장 중요한 것처럼 시늉하기 때문이다. 여러분에게는 아마도 가족, 직장 생활, 건강, 친구들, 여행 등이 중요한 화초일 것이다. 모든 화초가 고루 잘 자라게 하려면 얼마나 시간을 투자해야 하고, 그 외에도 어떤 노력이 필요할까? 화초를 기르는 것만 해도 쉽지 않은 일인데 잡초도 제때 뽑아내지 않고 문제없이 잘 자라주기를 바라는 것은 어불성설이다.

이처럼 인생을 하나의 정원이라고 생각하고 그 안에서 자라는 모든 식물이 여러분에게 중요한 것인지 잘 생각해보자. 중요하지 않다면 그것은 화초가 아닌 잡초에 불과하다. 잡초는 모두 뽑아서 정원 밖으로 내다 버려야 한다.

예를 들어, 고등학교 동창이 옛 추억도 되살릴 겸 툭하면 같이 놀자는 연락을 한다고 가정해보자. 그 친구와 공통 관심사가 전혀 없고 할 일은 산더미처럼 쌓여 있는데도 왠지 함께 어울려 놀아야 할 것 같은 의무감이 든다. 그러나 냉정하게 생각했을 때 이 친구와의 만남은 뽑아버려야 할 잡초라고 봐야 하지 않을까?

한편, 내용이 너무나도 따분한 책이지만 중도에 포기했다는 이야기를 듣고 싶지 않아 어떻게든 끝까지 읽으려고 애를 쓰는 경우가 있다. 그런데 재미없는 책을 읽느라 소중한 시간을 허비하느니 차라리 중간에라도 포기하고 인생에 도움이 될 만한 새 책을 펴드는 게 낫지 않을까? TV 드라마를 몰아서 보느라 늦은 시간까지 잠을 자지 않을 때도 잠을 줄이면서까지 봐야 할 만큼 자신의 인생에 정말 중요한 드라마인지 잘 생각해봐야 한다.

인생 정원에서 어떤 잡초를 뽑아야 할지 모를 수도, 알더라도 뽑을지 말지 망설일 수도 있다. 그만큼 정이 들었기 때문일 수도 있고 중요하게 여기는 화초와 모양도 비슷한 데다 뽑아내기 아까울 정도로 잘 자랐기 때문일 수도 있다. 하지만 잡초는 어디까지나 잡초일 뿐이다.

오늘은 인정사정 봐주지 말고 가지치기용 가위로 잡초를 잘라내 버리자. 때에 따라서는 줄기를 쥐고 뿌리째 뽑아내야 할 수도 있다. 다시 말해 이미 마음속에 깊이 뿌리내린 것들을 송두리째 드러내야 할지도 모른다. 여러분이 중요하게 여기는 화초들이 잘 자라도록 필요 없는 것은 모두 갈아엎고 아직 잡초가 남아 있지는 않은지 객관적으로 살펴보자. 이때 가장 어려운 것은 수년간 정성 들여 키웠고 실제로도 잘 자라서 정원에 어울리는 것처럼 보이기까지 하는 잡초를 베어내는 일일 것이다.

그러나 아무리 그렇다 하더라도 과감하게 뽑아내자. 여러분의 인생에 중요하지도 않으면서 에너지만 엄청나게 빨아들이는 모든 것을 제거해서 이것저것에 신경 쓰느라 산산이 흩어졌던 정신을 차분하게 가다듬어보자. 아름답고 건강한 인생 정원을 꾸미는 데 꼭 필요한 화초가 아니라면 반드시 제거해야 한다.

DAY

47

공백의 가치 이해하기

'음악은 음표 사이의 공백이다'라는 말을 들어본 적이 있는가? 만약 음표들이 공백 없이 다닥다닥 붙어 있다면 그것은 음악이라기보다는 소음에 가깝다. 그러나 안타깝게도 우리는 이런 라이프스타일을 고집하며 살아간다.

오늘은 음악을 통해 마음의 여유를 찾는 방법을 익혀보자. 여러분이 특히 좋아하는 곡을 하나 고른 다음 조용한 곳에 가서 자리에 앉아 들어보자. 연주곡을 고르는 게 좋다.

이제 휴대폰을 만지작거린다든지 집 안 청소를 하는 등 다른 일을 동시에 하지 말고, 오로지 음악만 들어보자. 그리고 두 번째로 들을 때는 음악의 리듬에 맞춰 호흡해보자. 리듬이 어떤 부분에서 빨라졌다가 어떤 부분에서 다시 느려지며, 아무 소리도 나지 않은 부분, 즉 공백의 길이는 어느 정도나 되는가? 이처럼 박자에 신경 쓰면서 유심히 귀 기울이자.

이는 음악을 좋아하는 사람에게는 그다지 어려운 일이 아니겠지만, 그렇지 않은 사람들은 익숙해지려면 몇 번 더 들어야 할지도 모른다. 단순히 듣기만 하는 것이 아니라 박자의 변화를 느껴야 한다는 점을 반드시 염두에 두자. 여러분은 음악을 들으면서 무엇을 느꼈으며, 여러분의 몸은 리듬에 맞추기 위해 어떻게 반응했는가? 멜로디의 흐름을 천천히 느낀 뒤에는 앞에서 인용했던 '음악은 음표 사이의 공백이다'이라는 말의 의미를 다시금 음미해보자.

여러분은 인생을 살면서 언제 공백을 끼워 넣고 싶은가? 우리의 인생을 더욱 아름답게 만들어가려면 언제, 얼마나 공백을 두어야 할까? 점심 식사 후 15분 정도 사무실 주변이나 바깥에서 산책하는 것도 좋고, 퇴근 후 차에 올라타기 전에 잠시 휴식을 취하는 것도 좋다. 아니면 하던 일을 잠시 멈추고 틈틈이 규칙적으로 쉬는 것도 좋다. 어디까지나 여러분이 어떤 방식을 선호하며 또 선택하느냐에 달렸다.

여기서 반드시 명심해야 할 것은 공백을 두기로 했다면 확실하게 돼야 한다는 것이다. 어설픈 공백, 즉 쉬는 것도 아니고 그렇다고 일하는 것도 아닌 애매한 상태는 그다지 도움 되지 않는다. 이런 공백은 잡음이나 다름없다.

오늘은 언제 잠시나마 고요함을 즐겨볼 생각인가? 삶에도 리듬을 부여하고 적절한 공백을 두는 습관을 기르면 훨씬 더 아름답고 빛나는 시간을 보낼 수 있다.

DAY

48

가족에게 충실하기

임종의 자리에서 가장 흔히 듣는 이야기는 "가족, 그리고 사랑하는 사람과 조금이라도 더 많은 시간을 보냈어야 했는데…"라는 아쉬움의 표현이다. 인생의 마지막 페이지를 넘길 때 누구도 일에 대한 걱정이나 드라마 내용이나 피상적으로 사귀었던 친구를 떠올리지 않는다. 단지 가족과 함께 행복한 시간을 충분히 보내지 못한 것에 대해 아쉬워할 뿐이다. 아이가 막 걷기 시작할 때나 자전거 타는 법을 배울 때 지켜봐 주지 못한 것을 후회하거나, 배우자가 부모님을 여의었을 때나 아플 때 함께 해주지 못한 것을 안타까워하는 사람도 있을 것이다. 즐거운 일이나 변고가 생겼을 때 기쁨과 슬픔을 함께하지 않으면 다른 가족 구성원들과 멀어질 수밖에 없다.

　여러분은 배우자, 아이들, 부모님, 혹은 반려동물과 충분한 시간을 충분히 보내고 있는가? 우리는 우리를 사랑해주는 사람들, 그리고 우리에게 소중한 사람들과 함께 살아간다. 그들은 여러분이 일, 취미, 모임 등에 너무 열중한 나머지 자신은 뒷전으로 밀쳐놓았다고 생각할 수도 있다. 여러분의 자녀는 여러분이 일찍 귀가해서 자신이 무엇 때문에 고민하고 있는지 귀 기울여줬으면 하지만 여러분은 눈치채지 못했을 수도 있다. 이런 식으로 몇 년을 방치하면 아이들은 돌이킬 수 없는 방향으로 탈선할 수도 있다. 얼마든 벌어질 수 있는 일이다.

어쩌면 여러분의 배우자는 여러분과 함께 있어도 외롭다고 느낄 수 있다. 그리고 여러분이 툭 던지듯 하는 말이 그들에게 상처를 줄 수도 있다. 이대로라면 둘 사이에는 다시는 회복할 수 없는 균열이 생길 것이다. 수많은 사람이 이혼하는 것도 이런 이유 때문이다.

그렇다면 오직 가속 페달만 밟아대는 삶에서 잠시 벗어나 가족과 대화를 나누고, 산책하고, 여행을 떠나보면 어떨까?

이제 그동안 가족에게 어떤 측면에서 소홀했는지를 생각해보자. 혹시 딸아이와 주말에 놀아주기로 했는데 약속을 지키지 못했는가? 아니면 가족의 얼굴을 제대로 못 본 지 한 달도 더 됐는가? 그들은 여러분을 필요로 하고 사랑해주는 사람들이다. 일 때문에 이리저리 치이다가 마지막에는 후회할 일만 남기는 그런 인생을 살지 말자. 부모님이 돌아가신 뒤, 생전에 그분들과 즐거운 시간을 많이 보내지 못했다고 깨닫는 순간 엄청난 후회와 죄책감이 밀려올 것이다. 가족 간에는 대화가 필요하며 그러려면 어느 정도 시간을 확보해야 한다. 때로는 삶의 속도를 늦추고 부모님과 함께 시간을 보내자. 차를 마시며 어떤 생각을 하고 계시는지 가슴을 열고 말씀하실 수 있는 분위기를 조성해보자. 돌아가시고 나면 말씀을 다 들어드리지 못한 데 대한 후회로 한동안 괴로울 것이다.

잠시나마 가족과 함께 보내면 궁극적으로는 시간을 절약할 수 있고 훗날 슬픔과 회한 때문에 괴로워할 일도 그만큼 줄어든다.

오늘은 가족과 꾸준히 함께 시간을 보낼 기회를 만들어보자. 다 같이 저녁 식사를 하는 것이 가장 이상적이지만 여의치 않다면 할 수 있는 것부터 해보자. 모든 가족 구성원이 원하는 시간을 정규 일정으로 정해서 때마다 반드시 모두 모이게 하자. 업무와 삶의 균형을 잘 지키면 인생을 더욱 풍요롭게 누릴 수 있다.

DAY

49

기술의 노예가 되지 않기

기술은 우리가 시간과 에너지를 아껴 쓰려고 만들어낸 것으로, 오로지 일을 쉽게 처리하고 여가를 늘릴 목적으로만 사용해야 한다.

오늘은 여러분이 기술을 어떻게 활용하는지 살펴보자. 기술 덕분에 업무 효율이 향상했는가, 아니면 오히려 감소했는가? 어떤 사람은 이를 활용하여 생산성을 높이고 그 결과 예전보다 더 많은 일을 처리할 수 있게 됐을 테지만, 적정선을 지키지 못하면 기술의 노예로 전락할 수도 있다.

통신기술은 중요한 정보를 쉽게 주고받을 수 있게 해줌으로써 인류문명의 발전에 이바지했다. 그러나 오늘날 우리는 휴대폰으로 메시지와 이모티콘을 날리며 허송세월한다. 그리고 소셜 미디어를 통해 다른 사람의 사생활을 들여다보느라 헤아릴 수 없이 많은 시간을 보내며 인생을 낭비한다. 또, 일에 집중하려고 마음먹어봤자 끊임없이 울리는 알람, 메시지 때문에 얼마 가지 못한다. 아무리 잠깐이라고 해도 이것저것에 관심을 기울이다 보면 업무의 흐름이 깨지기 쉽고, 깨진 흐름을 바로 잡기는 더 어렵다.

기술은 여러분에게 시간을 절약할 수 있도록 도와주는 존재인가, 아니면 수시로 주의를 분산시킬 뿐인가? 우리 주변에는 기술을 단순한 도구 이상으로 여기고 온종일 이것에 거의 종속되다시피 하며 살아가는 사람들이 많다. 기술은 반드시 우리의 통제하에 있어야 하며 주객이 전도되어서는 안 된다.

또 하나 반드시 고려해야 할 것은 에너지다. 자연은 생명체에 유익한 진동과 에너지로 가득 찬 공간으로, 우리는 자연환경을 통해 에너지를 재충전하고 몸과 마음을 가다듬을 수 있다. 그러나 전자 기기는 정반대다. 노트북과 휴대폰에서 방출되는 전자파는 우리 몸에 좋지 않은 영향을 줄 가능성이 크다. 아직 과학적으로 정확히 입증된 것은 아니지만 단 몇 퍼센트의 위험성이라도 굳이 떠안을 이유는 없다.

오늘 여러분이 해야 할 일은 적정 사용수준을 세우는 것이다. 적어도 오늘만큼은 모든 알람을 꺼두고 종이를 준비해서 오늘 중으로 끝내야 할 일을 적은 뒤 이를 끝내는 데에만 오롯이 집중해보자. 하기로 한 일을 끝낸 뒤에는 밖으로 나가서 햇볕을 한껏 쬐며 눈과 귀에 쌓인 피로를 풀어주자. 이렇게 하고 나면 엄청난 차이를 느낄 수 있을 것이다.

DAY

50

삶에 유익한 의식을 습관으로 삼기

의식儀式은 우리 삶에서 큰 부분을 차지해왔다. 일일 기도부터 매주 함께하는 저녁 식사, 종교 행사 등 형태는 다양하지만, 어쨌든 의식은 오래 전부터 우리의 정신세계에 깊이 뿌리내렸다.

오늘은 평소 여러분이 치르는 의식에 대해 살펴보자. 어떤 의식이며, 왜 습관처럼 하게 됐는가? 아침 식사를 할 때 TV 뉴스를 보거나 변기에 앉아서 SNS를 하는가? 이런 일들은 정말 관심을 두고 하는 것인가?

여러분이 매일 치르는 의식이 더욱 의미 있는 인생을 누리기 위해 꼭 필요한 것인지 살펴보고, 만약 '그렇다'라는 결론이 나면 다음부터는 더욱 마음을 다해야 한다. 해당 의식을 생활화하게 된 배경이 무엇인지 되짚어보는 것도 도움이 된다.

인생에 보탬이 될 만한 의식을 찾아내는 것도 중요하지만, 효과를 보려면 여러분의 것으로 만드는 일도 중요하다. 이제 자신에게 맞는 의식을 찾아보자.

아래의 몇 가지 예시 중에 한두 가지를 선택해서 오늘의 수련을 실천해보자. 이 중 몇 가지는 새로운 습관으로 삼을 만할 것이다.

- 매일 아침 감사하기: 잠자리에서 일어나기 전에 오늘 감사하고 싶은 일 5가지를 생각해보자.

- 식사 전에 기도하기: 식사 전에 여러분 앞에 놓인 음식을 주심에 잠시나마 감사드려보자.

- 식사 후에 명상 또는 기도하기: 섭취한 영양소를 제대로 흡수할 수 있도록 잠시나마 몸과 마음의 속도를 늦춰보자.

- 저녁에 촛불 켜기: 잠시나마 촛불 앞에 앉아 피로에 찌든 몸과 마음을 씻어내보자.

- 잠들기 전에 스트레칭하기: 잠자리에 들기 전에 온몸의 긴장을 풀고 바닥에 누워 스트레칭해보자.

물론 이 예시들 말고도 많을 것이다. 그 무엇보다도 중요한 것은 여러분에게 정말 필요하고 성향에 잘 맞는 의식을 선택하는 일이다.

오늘은 여러분이 현재 치르고 있는 의식이 무엇인지 되짚어보고 과연 도움이 되는 것들인지 꼼꼼히 따져보자. 그리고 의미 있는 의식이지만 그동안 소홀히 해왔다면 제대로 실천할 방법을 찾아보고, 인생에 더욱 도움이 될 만한 의식이 있다면 적극적으로 받아들이자.

DAY

51

천천히 사랑 나누기

현대 사회에서 섹스는 그저 쾌락을 느끼는 수단 정도로 전락했다. 기억에 남을 만큼 천천히 기쁨을 느끼면서 특별한 밤을 보낸 것이 혹시 너무 오래전 이야기이지는 않은가?

사랑을 나누려면 마음이 느긋해야 한다. 즉 느린 호흡을 통해 부교감신경을 활성화하여 심신을 차분히 가라앉혀야 한다. 부교감신경이 활성화되면 그만큼 피로를 빨리 회복하고 식욕과 성욕을 느끼게 된다.

수면이 인위적인 행위가 아닌 것처럼 오르가슴을 느끼는 것도 마찬가지다. 물론 성행위를 통해 엄청난 희열을 맛볼 수 있지만, 오늘은 이에 관해 이야기하려는 것은 아니다. 천천히, 충분한 시간을 두고 사랑을 나누는 것이 얼마나 가치 있는 행위인지를 직접 느껴봤으면 한다.

이를 위해서는 실내를 분위기 있게 꾸밀 필요가 있다. 촛불이나 무드 등을 켜고, 감미로운 음악을 틀거나 와인 한 병을 준비하는 것도 큰 도움이 된다. 중요한 것은 충분히 사랑을 나눌 수 있도록 휴대폰 등 정신을 산만하게 할 만한 요소는 모두 꺼두는 일이다.

아이들이 모두 잠들 때까지 기다려야 할 수도 있지만, 그렇다고 TV를 보지는 말자. 잠자리에 들기 세 시간 전부터는 전자기기의 자극 없이 몸과 마음을 차분히 가라앉히고 아이들이 잠든 후에는 방으로 들어가서 한껏 분위기를 즐기며 사랑을 충분히 나눠보자.

우리는 보통 잠자리에서까지 일거리에 대해 생각하며 불안함마저 느낀다. 하지만 침실에서까지 일 생각을 하는 것은 절대 금물이다. 누군가가 일 때문에 조금이라도 불안해한다면 오르가슴은 결국 남의 이야기가 되어버린다. 너무 급작스럽게 절정을 느끼려 하지 말고 천천히 사랑을 나누자.

모든 근심과 걱정을 내려놓고 편안하고 느긋한 마음으로 즐기자. 숨을 아랫배까지 채운다는 생각으로 심호흡하면서 단전에 힘을 줘보자. 그리고 어떻게 단전에 모인 에너지가 척추를 타고 올라오는지 느끼고 그 기운이 몸 안에 계속 머무를 수 있게 해보자.

성급하게 절정을 맞이하려 하지 말고 여러분의 파트너와 함께 느긋하게 즐거움을 맛보자. 어느 정도 익숙해지고 나면 비로소 시간을 멈춘다는 것이 무엇을 의미하는지를 이해할 수 있을 것이다.

DAY

52

통화 시간 줄이기

자신이 하루에 몇 시간이나 통화하는지 알고 있는가? 혹시 온종일 전화기를 붙잡고 있지는 않은가? 통화 시간에 따라 수입이 달라지거나 업무 성격상 어쩔 수 없는 경우가 아닌 이상 긴통화는 자신에게 주어진 소중한 시간을 갉아먹을 가능성이 크다. 오늘은 통화 시간을 줄이고 새로운 것에 도전해보자.

직장에서 전화 통화와 관련한 일정을 살펴보고 이를 절반으로 줄일 수는 없을지 생각해보자. 예를 들어 30분간 통화해야 하는 일정이 있다면, 이를 15분 혹은 25분으로 줄일 수는 없을까? 물론 통화 시간을 줄인다고 해서 상대방에게 무례함을 보여서는 안 된다. 평소처럼 친절하고 상냥하게 대하되 요점만 간단히 이야기하면 된다. 상대방에 대한 관심을 충분히 표현하며 기분 좋게 대화를 시작한 뒤 곧바로 본론으로 들어가자. 의논하고 싶은 주제로 거침없이 들어가고, 불필요한 이야기는 될 수 있는 대로 하지 말자.

어쩌면 상대방도 무척 바쁜 삶을 살기 때문에 여러분이 더 논의하자고 이야기하지 않는 한 통화를 일찍 끝내도 전혀 신경 쓰지 않을 것이다.

자, 이제 남는 시간에는 그동안 미뤄뒀던 일을 하는 것은 어떨까? 오늘 해야 할 수련은 무의미하게 버려질 수도 있었던 시간을 하나둘 모아서 자신을 위해 재투자하는 것이다. 5분 정도 여유가 생겼다면 스트레칭을 해보거나, 잠이 부족하다면 알람을 맞추고 10분 동안 눈을 감고 있어도 좋다. 여기서 중요한 것은 여러분에게 주어진 소중한 시간을 더욱 유용하게 쓸 수 있다는 것이다.

그렇다면 개인적인 일로 통화하는 것은 어떨까? 멀리 떨어져 계신 부모님과 말씀을 나누면서 정서적인 안정을 찾을 수 있다면 자주 전화 드리자. 한편, 지인들과 사소한 이야기를 나눠야 한다면 대화를 빨리 끝낼 수 있게 문자를 보내는 것은 어떨까?

세상으로부터 단절되거나 은둔 생활을 하자는 것이 아니다. 단지, 여기저기서 버려지고 있는 시간을 잘 모아서 자신에게 도움이 되는 방향으로 사용하자는 것이다. 새로 확보한 시간은 여러분의 몸과 마음을 치유하는 데 투자하자.

통화 시간을 줄인다고 해서 잘 진행되던 일들이 갑자기 삐걱거리지는 않으니 일정을 조정해보자. 기존의 통화 일정을 반으로 줄이는 것만으로도 삶에 변화를 줄 수 있다.

단, 이때 빠지기 쉬운 함정이 있는데 새로 확보한 시간을 자신의 몸과 마음을 돌보는 데 쓰지 않고 더 많은 일을 처리하는 데 써버릴 가능성이 있다는 점이다. 이렇게 하면 업무 효율은 크게 향상할지 몰라도 여러분의 영혼은 상당히 피폐해진다. 새로 확보한 시간 중 일부만이라도 반드시 자기 자신을 위해서 쓰도록 하자.

DAY

53

에너지의 원천 관리하기

간혹 목 부위가 엄청나게 뻐근할 때가 있는가? 그렇다면 아마
도 뒷골(후두後頭)의 뒤쪽 정중앙 부위가 문제일 것이다. 평소에
자세가 좋지 않거나, 너무 오래 앉아 있거나, 혹은 스트레스가
엄청나게 쌓인 경우 상당한 양의 에너지가 목 뒤쪽에 있는 경
락經絡, 즉 에너지 공급 경로를 통과하지 못하고 정체하게 되는
데, 이것이 뻐근함의 원인이다. 시간이 지나면서 통증이 점차
머리 쪽으로 퍼져 두통이 생기기도 한다.

오늘은 이 증상을 해소하는 방법에 대해 알아보자.

우선 반듯하게 누울 수 있는 장소를 찾아보자. 5분간 다른
사람에게 방해받지 않을 만한 공간이면 어디든 상관없다. 너무
크지 않은, 즉 높이가 2.5~7.5센티미터 정도 되는 딱딱한 베개
도 준비하자. 베개 대신 책이나 요가 블록도 괜찮다.

베개로 목 뒤쪽을 받치고 누운 뒤 눈을 감고 아랫배까지

깊숙이 숨을 들이쉰다는 느낌으로 1~2분 정도 천천히 심호흡한 뒤 몸의 힘을 빼고 긴장을 풀자.

이제 목덜미 쪽과 뒷골과 베개가 맞닿아 있는 부분을 의식하고 숨을 천천히 쉬면서 목에서 힘을 빼자. 그리고 머리를 왼쪽과 오른쪽으로 번갈아 가며 천천히 돌리면서 목에 쌓여 있던 긴장이 풀리도록 1분 정도 고개를 좌우로 부드럽게 돌려보자. 여기까지 하고 나서 다시 천장을 바라보면서 깊이 호흡한 뒤 베개에 머리를 묻은 채 몇 분 정도 그대로 누워 있자.

그다음으로는 이마, 턱, 눈가, 입, 귀, 코 등 얼굴의 여러 부위를 풀어주자. 심호흡하며 머리와 목을 계속 풀어주다가, 어느 정도 나아진 것 같으면 눈을 뜨고 목을 좌우로 몇 번 더 움직인 뒤 천천히 일어나면 된다.

뒷골은 에너지의 원천이기 때문에 막힌 상태로 방치할 경우 많은 양의 기氣가 다른 곳으로 원활히 흐르지 못한다. 이 부위에 문제가 생기는 까닭은 대부분 시간 압박으로 인한 스트레스 때문이다. 시간 압박이란 본인이 감당하기 힘들 정도로 빠르게 많은 일을 처리해야 할 때 받는 스트레스이며, 이를 제대로 풀어줘야 두통을 예방하고 집중력을 높일 수 있다.

목에 누적되어 있던 피로가 풀리고 나면 몸과 마음이 다시 상쾌해질 것이다. 따라서 이 부위의 피로를 푸는 것은 시간을 멈추고 눈앞의 일에 몰입하는 방법을 아는 것이나 다름없다. 몸속에 켜켜이 쌓인 오염 물질을 깨끗이 씻어버리고 힘찬 하루를 맞이하기 위한 만반의 준비를 해보자.

DAY

54

소셜 미디어와 거리 두기

오늘은 잃어버렸던 소중한 시간을 되찾아보자. 우리는 매일 틈만 나면 시간 가는 줄 모르고 휴대폰 화면을 들여다본다. 휴대폰 사용을 자제하면 정신적 피로를 얼마나 덜어내고 여유 시간을 확보할 수 있는지 확인해보자.

누군가는 이 책을 읽는 지금 이 순간에도 휴대폰을 만지작거리고 있을 것이다. 그 이유는 아마도 소셜 미디어 때문일 가능성이 큰데, 소셜 미디어 활동을 하면 자신이 세상과 연결되어 있고 어딘가에 소속된 느낌을 받기 때문이다. 하지만 시도 때도 없이 스마트폰을 확인하는 행동은 자칫하면 마주 보고 이야기를 나누는 주변 사람들과는 완전히 단절되는 빌미가 될 수 있으니 이런 습관은 갖지 않는 것이 좋다. 그렇다면 오늘 하루 휴대폰으로 보지 말아야 할 것은 무엇일까?

- 모든 소셜 미디어 업데이트 소식: 사이트를 방문하거나 앱을 실행하지 말 것

- 뉴스

- 사진과 동영상

- 친구들과 수다를 떠는 채팅 앱

미리 친구들에게 오늘은 온종일 휴대폰을 사용하지 않을 거라고 말해놓자. 하지만 휴대폰을 멀리하겠다고 마음먹더라도 몇 번쯤은 화면을 열어보고 싶은 욕구가 생길 것이다. 그럴 때마다 자신과 한 약속을 떠올리고 꼭 그 약속을 지키도록 노력해보자.

우선 여러분이 보통 언제 어디서 휴대폰 화면을 들여다보는지 살펴보자.

- 엘리베이터를 기다릴 때, 엘리베이터 안에서

- 커피숍에서 주문 대기 줄에 서 있을 때

- 화장실에서

- 신호등이 빨간불일 때

- 대중교통을 타고 갈 때

- 식당에서 주문한 식사가 나오기 전에

- 침대에서, 소파에서

- 음식을 데우는 동안에

이 중에서 여러분에게도 해당하는 내용이 있는가? 우리는 때와 장소를 가리지 않고 틈만 나면 늘 휴대폰을 만지작거린다. 이제 휴대폰 때문에 버려지는 시간을 되찾아야 한다.

매일 이렇게 시간을 낭비하면서 부족하다고 불평하는 것은 어불성설이다. 평소 같으면 휴대폰 화면을 뚫어지게 보느라 무의미하게 흘려보냈을 시간을 오늘은 자유시간으로 넉넉하게 활용해보자.

휴대폰에 손을 대고 싶을 때마다 일단 멈춰 서서 아랫배까지 깊숙이 숨을 채운다는 느낌으로 심호흡을 몇 번 한 뒤 자신이 진정으로 원하는 게 무엇인지 곰곰이 생각해보자. 휴대폰 화면을 열어보려 했던 이유는 무엇인가? 필요한 정보를 급하게 찾아봐야 하기 때문이었는가, 아니면 무엇인가에 대해 혼자 생각하는 데 익숙지 않기 때문인가? 휴대폰 화면을 들여다보면서 시간을 보내는 것보다는 간단한 스트레칭을 몇 번 하거나 사람들과 어울리며, 때로는 아무것도 하지 않는 것이 심신의 건강을 유지하는 데 더 좋은 방법이다. 중요한 것은 수백만 개의 작은 시간 조각들이 무의미하게 사라지지 않도록 여러분 스스로 노력해야 한다는 것이다.

DAY

55

다섯 번씩 심호흡하기

오늘은 간단한 수련을 해보려고 한다. 우선 30분마다 알람이
울리도록 타이머를 설정한 후, 알람이 울릴 때마다 하던 일을
멈추고 숨을 아랫배까지 채운다는 느낌으로 다섯 번 심호흡하
자. 단, 숨을 대충 쉬면 효과가 전혀 없으니 반드시 심호흡해야
한다. 순서를 잘 기억한 뒤 종일 실천하면서 어떤 느낌이 드는
지 살펴보자. 전혀 어려울 것이 없다. 숨을 천천히 끝까지 들이
쉰 뒤 내뱉기 전에 2초 정도 참고 부드럽게 끝까지 숨을 내뱉
은 다음 다시 들이쉬기 전에 잠시 멈추자. 알람이 울릴 때마다
이런 방법으로 다섯 번 심호흡한 뒤 다시 원래 하던 일을 하자.

몇 번 해보는 것만으로는 큰 변화를 체감하지 못할 수도
있다. 그러나 꾸준히 여러 번 반복하면서 심신을 편안하게 해
주는 습관을 가지면 이내 변화가 찾아올 것이다.

우리는 평화로움이 어떤 느낌인지조차 잊어버렸을 만큼

스트레스를 받으며 살아가는 데 익숙하다. 안타깝게도 우리는 스트레스를 얼마나 받는지에 따라 자신의 삶을 정의하는 삶을 산다. 여러가지를 신경 쓰느라 주의가 분산되면 몸속에 있던 에너지가 산산이 흩어지므로 늘 피곤할 수밖에 없다.

"저는 말도 안 되게 바빠요. 글쎄 화장실 갈 시간도 없다니까요. 하하하."

이는 절대로 웃으면서 할 이야기가 아니다. 무엇인가 잘못되어도 한참 잘못된 삶을 사는 것이며, 앞으로도 계속 이랬다가는 언젠가 큰 문제가 터지고 말 것이다.

앞에서 알려준 방법대로 다섯 번씩 심호흡하면 이처럼 흐트러진 삶의 리듬을 바로 잡는 데 도움이 된다. 중요한 것은 제대로 호흡하는 것이다. 횟수를 채우는 데만 연연해서 아무렇게나 숨을 쉬면 전혀 도움이 되지 않는다. 사실 천천히 호흡한다고 해도 고작 10~15초 정도 더 걸릴 뿐이다. 우리가 이 정도의 여유도 갖지 못하는 이유는 물리적인 시간 때문이 아니라 감정의 영역과 관련되어 있다. 늘 시간 압박에 시달리는 우리는 느린 삶을 용납하지 못한다. 왜일까?

우리는 스트레스를 받을수록 속도를 줄이기보다는 더 밀어붙이려는 경향을 보인다. 업무 효율이 떨어지고, 운동을 빼먹고, 계속 짜증을 내고, 가족한테 못되게 굴면서도 이런 삶을 고수하는 것이 옳다며 자기 자신을 타이르곤 한다. 이런 삶이 과연 더 나은 선택인지 다시 한번 잘 생각해보자.

오늘은 한 시간에 두 번씩 짧게 휴식을 취해보자. 정신을 한데 모으고 숨을 들이쉬고 내쉴 때마다 차분히 가라앉는 기분을 온몸으로 느끼고 잠시나마 자신의 존재를 온전히 깨닫는 기회로 삼아보자. 심호흡은 들뜬 마음을 누그러뜨리고 신속하게 휴식 모드로 들어갈 수 있게 해주는 강력한 수단이다. 숨을 깊게 들이쉬고 내쉬기만 하면 되는 단순한 방법을 통해 복잡했던 마음을 간단하게 정리할 수 있다.

복잡한 문제를 풀겠다고 조바심을 내며 어렵게 접근하기보다는, 일단 몸과 마음을 편안히 가라앉힌 뒤 차분하게 해결책을 찾아보면 오히려 문제가 훨씬 쉽게 풀리지 않을까?

오늘의 수련을 끝낸 후에는 여러분 자신에 대해 더 많은 것을 깨닫게 될 것이다.

DAY

56

온몸을 이완하기

오늘은 온몸을 완전히 이완해보자. 이는 흔히 알려진 명상법이며 현대의 최면 치료 분야에서도 활용되고 있다. 하지만 여러분은 너무나도 바쁜 일상 때문에 경험해 본 적이 없을 것이다. 내가 소개하는 방법대로 따라 하면서 천천히 그리고 충분히 이완해보자.

우선 아래 내용을 살펴보고 나서 15분 정도 누워 있을 편안한 장소로 이동해야 한다. 그곳에서는 반드시 여러분 혼자 있어야 하고 안전하다는 느낌을 받아야 한다. 수련이 끝난 후 원래 상태로 편안하게 돌아오기 위해 종료 5분 전에 알람이 울리도록 설정하자. 가령 20분간 수련할 생각이라면 15분이 되는 시점에 알람을 설정해놓으면 된다.

1. 편안한 자세로 눕는다.

2. 아랫배까지 숨을 들이마시며 몇 차례 심호흡하고 땅속

으로 가라앉듯 온몸을 완전히 이완한다.

3. 먼저 머리에서부터 시작한다.

- 마음의 눈으로 정수리를 보면서 이완되라고 말을 건넨다.
- 머리가 점점 무거워지면서 땅속으로 가라앉는 것 같은 기분을 느낀다.

4. 정수리에서 아래로 내려와서 얼굴을 먼저 이완한 뒤 점차 다른 부분을 이완한다.

- 이마, 눈, 귀, 코, 뺨, 치아, 턱
- 후두부와 목덜미
- 머리 전체

5. 몸의 아래쪽으로 이동하며 계속 이완한다.

- 목, 목구멍, 어깨, 팔부터 손가락 끝
- 가슴, 갈비뼈, 가슴뼈, 등
- 복부, 모든 장기, 등 아랫부분, 허리
- 골반, 엉덩이, 생식기, 엉덩이뼈

6. 양쪽 다리로 내려가며 서서히 전체를 이완한다.

- 무릎, 정강이, 종아리, 발목
- 발뒤꿈치부터 발가락 사이에 있는 모든 뼈

7. 전신이 이완 상태에 있다고 느낀다.

8. 머리부터 발끝까지, 발끝에서 머리까지 혹시 이완되지 않은 부분이 있는지 느껴보고, 마음의 눈으로 긴장된 부위를 보면서 이완되라고 이야기한다.

이완 상태가 되면 몸을 늘어뜨린 채 땅속으로 가라앉는 기분을 느껴보자. 심호흡하면서 여러분의 몸에 긴장된 곳이 있는지 계속 살피면서 긴장된 곳을 부드럽게 이완한다.

알람이 울리면 서서히 원래의 상태로 돌아오면서 따뜻하고 하얀빛이 여러분의 발밑에서 올라온다고 상상하자. 그 하얀빛은 점차 강해지면서 우리 몸의 모든 곳에 에너지를 불어넣고, 빛은 이완할 때와 반대의 순서로 여러분의 몸을 깨우다가 마지막에는 정수리 부분에 도착한다. 빛이 몸 안의 모든 세포를 깨우는 동안 숨을 깊이 들이쉬고 내쉬면서 마음의 눈으로 빛을 보자.

준비되면 서서히 눈을 뜨고 발가락을 움직인 뒤, 한쪽으로 몸을 굴려 일어나자. 이처럼 온몸을 이완했다가 다시 원래 상태로 돌아오는 데는 그리 많은 시간이 필요하지 않다. 그렇지만 꽤 오랫동안 휴식을 취한 것 같은 기분이 들 것이다.

DAY

57

계절 느끼기

오늘은 잠시 하던 일을 멈추고 우리가 어느 시점에 있는지 찬찬히 살펴보자. 다시 말해 지금 어떤 계절인지, 절기상 어느 시기이며 잎사귀가 피어날 무렵인지 질 무렵인지, 날씨가 더운지 추운지 느끼고 관찰하는 것이다.

우리는 집에 있을 때나 운전할 때 에어컨 또는 보일러, 히터를 틀고 생활하기 때문에 자연의 기운이 계절에 따라 어떻게 변화하는지 의식할 일이 별로 없다. 오늘은 이런 생활에서 잠시 벗어나보자.

밖으로 잠시 나가서 자연의 풍경을 찬찬히 살펴보자. 주변의 나무들을 바라보고 바람결을 느껴보자. 여러분을 둘러싼 자연의 기운은 어떤 느낌을 주는가? 몇 번 심호흡하면서 바깥 세계와 주파수를 맞추고 조화를 이뤄보자. 날씨가 춥다면 겉옷을 단단히 챙겨입고, 이렇게 5분 정도 시간을 보내보자.

자연의 리듬에 맞춰 살아가는 것은 중요한 의미가 있다. 이를 통해 우리를 둘러싼 거대한 세계와 기(氣)의 흐름을 일치시키고 자연과 더불어 살아갈 수 있기 때문이다.

오늘 얻어야 할 교훈은 이렇듯 우리를 둘러싼 자연 변화의 리듬에 발맞추며 살아가야 한다는 것이다. 예를 들어 햇볕은 면역 체계를 강화할 수 있도록 도와주고, 식물들은 봄철에 향기를 내뿜어서 우리 몸에서도 호르몬 분비 패턴에 변화가 일어나고 있음을 간접적으로 알려준다.

지금 여러분은 어떤 계절에 살고 있는가? 몇 번 심호흡을 한 뒤 주변의 풍경을 살펴보자. 어떤 색깔이고 어떤 소리가 나며 어떤 향기가 나는가? 바람결이 몸을 스칠 때 어떤 느낌이 들고, 주변에는 어떤 동물들이 보이는가? 이렇게 풍경의 분위기를 느끼면 여러분을 둘러싼 자연과 동화되고, 밟고 있는 땅 곳곳에 스며들어 있는 생명의 힘과 조금 더 가까워질 수 있다.

그곳이 바로 여러분의 고향이요 현재다.

오늘은 반드시 시간을 내서 그곳으로 돌아가보자.

DAY

58

성급히 결정하지 않기

여러분은 얼마나 자주 인생의 중대한 결정을 내리는가? 아마 그다지 빈번하지는 않을 것이다. 물론 오늘 하루 '나 오늘 직장을 때려치우지는 않기로 마음먹었어'라고 결정했을 수도 있지만, 이는 중대한 결정이라기보다는 하루하루의 생각일 뿐이다. 중대한 결정이란 직업을 바꾸거나, 이혼하거나, 아이를 갖거나, 멀리 떨어진 곳으로 이사하기로 하는 정도의 일을 말한다. 이제 지난 10년간 여러분이 어떤 중대한 의사 결정을 내렸는지 한번 되돌아보자. 아마 열 손가락으로 꼽을 정도일 것이다. 그리고 그 당시 몸과 마음이 편안하고 안정된 상태에서 결정을 내렸는지 잘 생각해보자. 만약 여러분이 장단점을 자세히 비교하고, 시간을 여유 있게 두고, 주변 사람들의 의견을 충분히 들어가며 결정했다면, 아주 완벽히 잘한 일이다.

하지만 안타깝게도 대부분 압박감을 느끼는 상황에서 의

사 결정을 내리는 경우가 많다. 이런 환경에서는 자칫하면 결코 돌이킬 수 없는 최악의 결정을 내릴 가능성이 높다. 여러분이 내린 결정은 어땠는가?

오늘은 과거의 기억을 짚어보고 그중에서도 엄청난 스트레스를 받으며 결정을 내렸던 상황에 초점을 맞춰보자. 여러분이 만약 그때 안정된 분위기에서 침착하고 냉정하게 판단했다면 결과는 지금과 어떻게 달라졌을까? 몸과 마음을 차분히 가라앉힌 후에 판단했더라도 결국 똑같은 의사 결정을 내렸을까? 조금 더 차근차근 생각한 후에 결심했더라면 여러분의 인생은 얼마나 달라졌을까?

과거의 쓰라린 기억을 소환해서 한 번 더 고통받자는 것이 아니라, 앞으로 더 나은 결정을 내리기 위해 교훈을 얻자는 뜻이다. 우리는 지난날보다 앞으로 더 많은 결정을 내려야 한다. 따라서 같은 실수를 반복하지 않기 위해서라도 과거의 경험을 반추해볼 필요가 있다. 우리가 얻어야 할 교훈은 결정을 내려야 하는 순간이 오면 차분하게 현실을 직시해야 한다는 것이다. 이를 위해서는 정신을 집중하고 마음을 차분히 가라앉혀야 한다. 결정하기 직전에 당황, 불안, 공포라는 감정이 밀려오면 잠시 밖으로 나가서 바람을 쐬며 마음을 추슬러보자.

이처럼 과거 사례를 반추하다 보면 다음에는 같은 실수를 반복하지 말자고 마음을 다잡게 될 것이다. 앞으로 중대한 결정을 내려야 할 상황이 또다시 찾아오면 오늘 얻은 교훈을 떠올리고 심호흡을 통해 평정심을 유지하자. 일단 몸과 마음을 차분하게 가라앉힌 뒤, 성급히 결정했다가 결국 후회만 남겼던 과거의 일들을 되돌아봐야 한다. 그리고 사안을 객관적으로 분석하고 감정적 요소는 모두 덜어내야 한다. 또한 중요한 일일수록 더욱 깊고 폭넓게 사고해야 한다. 하루 이틀 여유를 두고 차근차근 생각을 정리하고, 필요하면 다른 사람에게 조언을 구해보자. 충분히 생각하고 필요한 정보를 모아서 폭넓게 분석한 뒤에 방아쇠를 당겨도 늦지 않다. 절대로 조바심을 느끼거나 일정에 쫓겨서 성급하게 결정 내리지 말자.

DAY

59

땀 흘리기

땀을 흘리는 것은 몸에 좋다. 땀을 흘리면 림프 계통*이 활성화되고 혈액 순환이 원활해지기 때문에 몸속의 노폐물을 제거하는 데 도움이 된다. 다만 오늘은 이와는 조금 다른 측면, 즉 과거를 씻어내는 것과 관련한 이야기를 해볼까 한다.

우리 몸의 세포는 오염 물질들이 쌓여 있다. 간은 지칠 대로 지쳐 있을 테고 우리의 몸은 배출이 어려운 수많은 환경 독소 물질 중 어느 하나에 노출되었거나, 몸에 들어간 중금속이 지방세포와 결합된 상태일 수도 있다. 이런 독성 물질들은 몸속 이곳저곳을 돌아다니며, 마치 발목에 납 주머니를 차고 뛰는 것처럼 우리 몸을 축 처지게 만든다. 이런 묵직한 느낌을 덜어낸다면 얼마나 활기차게 생활할 수 있을까?

● 해로운 병원체로부터 신체를 보호하는 순환 계통

땀 흘리기를 몸속에서 강이 흐르는 것으로 비유해보자. 강물이 흘러 내려오는 과정에서 더러운 것들은 씻겨지기 때문에 생명체들이 살기 좋은 환경이 조성된다. 과거(심신에 해로운 생각, 화학 물질, 음식물, 기운과 같은)를 흘려보내지 않고 몸속에 계속 머무르게 하면 건강한 오늘을 살아가지 못할 것이다. 몸이 건강하다는 것은 결국 몸속의 강이 막힘없이 흐르는 것을 의미한다.

노폐물을 몸 밖으로 내보내는 방법으로는 대변 · 소변 · 땀 등이 있고 각각 자체적인 역할이 있다. 독소 물질은 피부를 통해서도 배출되는데, 문제는 우리 대부분이 평소에 땀을 흘릴 일이 별로 없다는 것이다. 이는 변기가 막혀서 물이 안 내려가는 것과 다름없다. 물이 안 내려가면 집안은 결국 악취로 가득 찰 수밖에 없다.

땀은 매일 흘려야 하며 오늘이 바로 그 첫날이다. 몸을 많이 움직일 만한 운동 한 가지를 골라서 땀에 흠뻑 젖을 때까지 해보자. 물론 사우나에 가는 것도 좋지만 오직 운동을 통해서만 얻을 수 있는 장점이 있으니 운동으로 땀을 흘려보자.

몸속의 강이 막힘없이 흐른다는 것은 곧 여러분이 건강한 삶을 누리고 있음을 의미한다. 한 번 흘러간 강물은 다시 볼 수 없듯 여러분의 몸속에 있는 물질들은 강한 물줄기를 타고 끊임없이 밖으로 흘러나가야 한다.

막혔던 흐름을 원활하게 해서 몸속에 쌓여 있는 온갖 노폐물을 배출하자.

DAY

60

햇볕 쬐기

요즘 들어 햇볕은 많은 사람에게 미움을 받는다. 자외선에 노출되면 피부암이 유발되므로 태닝이 몸에 해롭다는 이야기도 자주 들어봤을 것이다. 이에 겁을 먹은 사람들은 낮에는 실내에만 있거나 밖에 나가야 할 때는 자외선 차단 크림을 덕지덕지 바른 뒤 우스꽝스러운 모자를 쓰고 돌아다닌다. 물론 자외선을 지나치게 많이 쬐는 것은 문제가 될 수 있지만, 비타민 D를 얻으려면 햇볕을 쬐어야 하고 신경 전달 물질이 균형 있게 분비되도록 하려면 빛에 노출되어야 한다. 그리고 아직 과학적으로 입증하지 못했을 뿐 햇볕이 주는 이점은 더 많을 것이다. 이처럼 우리 몸은 햇볕을 충분히 쬐어야 건강을 유지할 수 있으며, 이를 위해서는 건물 밖으로 나가서 일정 시간 이상 보내는 등 의식적인 노력이 필요하다.

오늘은 바깥이 덥든 춥든 상관없이 잠시나마 밖으로 나가

뻥 뚫린 하늘 아래 서서 햇볕으로 온몸을 흠뻑 적셔보자. 구름이 껴있다고 해도 집안에만 있는 것보다는 밖으로 나가는 게 훨씬 낫다.

그렇다면 나가서 그냥 서 있어야 할까?

아니다. 햇볕을 한껏 들이켜야 한다.

이는 현대인들이 까맣게 잊어버린 강력한 수련 방법이다. 식물은 햇볕을 받아들인 뒤 광합성을 통해 에너지를 자기 몸속에 저장한다. 이는 자연에서 관찰할 수 있는 가장 경이로운 모습 중 한 장면이며, 이렇게 저장된 에너지는 몇 단계의 먹이사슬을 거친 뒤 우리의 먹거리가 되어 식탁에 올라온다.

오늘은 식물처럼 햇볕을 마셔보자. 햇볕이 내리쬐는 곳에 서서 온몸으로 햇볕을 흡수하며 눈을 감고 태양광이 모든 세포를 거쳐 여러분 몸속으로 들어오는 모습을 상상해보자. 숨을 들이쉴 때마다 빛이 몸속 깊은 곳까지 스며들게 하고 내쉴 때마다 몸속에서 산산이 흩어지게 해보자.

햇볕이 너무 따갑다는 생각이 들기 전까지 피부를 충분히 노출하면서 수련을 몇 번 하다 보면 몸에 활기가 도는 놀라운 경험을 하게 될 것이다. 규칙적으로 햇볕을 충분히 마시면 몸과 마음과 영혼의 에너지를 한껏 충전할 수 있다.

지구상의 모든 생명체를 살아가게 하는 에너지원은 바로 여러분 머리 위에 있다. 햇볕을 늘 가까이해서 내면에 있는 불을 다시 지피자.

DAY

61

차 한 잔의 여유 즐기기

티타임은 다양한 문화권에서 중요하게 여겨져 왔다. 하루를 돌아볼 기회를 제공하기 때문이다. 그러나 오늘날 우리는 제대로 된 휴식을 취하지 않고 자기 자신에게 끊임없이 채찍질하는 삶을 산다. 점심시간에도 은행 업무를 보거나 전화 통화를 할 생각에 음식을 제대로 씹지 않고 삼켜버리기 일쑤다. 이는 도저히 정상적인 생활이라고 보기 어렵다.

가장 마지막으로 마음의 안정을 가지고 휴식을 취한 적이 언제인가? 중간에 멈추면 패배하는 것이나 다름없다는 생각에 자신을 온종일 몰아붙이지는 않는가? 이런 삶을 과연 얼마나 지속할 수 있을지 생각해보자. 아무리 바쁘더라도 차를 마시며 몸과 마음을 틈틈이 가다듬어야 한다.

오늘은 잠깐씩 시간을 내서 차를 마셔보자. 카페인에 민감하거나 오후 2시가 넘었다면 허브 차를 마시는 것도 좋다. 특히 본격적으로 업무를 시작하기 전에 이런 시간을 가지는 것은 스트레스를 해소하는 데 도움을 준다.

이 수련이 효과가 있는 이유는 차는 절대로 서둘러 마실 수 없기 때문이다. 차를 우리는 데 시간이 걸리고, 뜨거우니 식혀서 마셔야 한다. 두 손으로 들고 천천히 마시면서 모락모락 올라오는 김을 코끝으로 즐길 수 있도록 둘레가 넓은 잔을 사용할 것을 권한다. 10~11시경에 한 번, 2~3시경에 다시 한번 즐기는 것이 이상적이다. 이렇게 하면 하루를 단계별로 초기화할 수 있기 때문에 업무 생산성을 높이는 데 도움이 된다.

오늘은 이렇게 10~15분 정도 좋아하는 차로 티타임을 두 번 가지면서 몸과 마음의 긴장을 풀어보자. 혼자서든 다른 사람과 함께하든 상관없다. 단, 누군가와 함께한다면 업무 이야기는 절대로 하지 말아야 한다.

익숙해지기까지는 며칠이 걸릴 수 있지만, 머지않아 이를 통해 스트레스를 덜어내고 생산성을 끌어올릴 수 있음을 깨닫게 될 것이다.

티타임이 여러분에게 잘 맞는다면 이를 습관처럼 꾸준히 실천하면서 삶의 질이 얼마나 개선되는지 지켜보자.

생산성을 높이려면 시간을 효과적으로 할당할 줄 알아야 한다. 그리고 업무로 인해 쌓인 육체·정신 피로를 덜어내고 싶다면 자신을 추스를 수 있는 충분한 여유를 가져야 한다. 스트레스를 틈틈이 해소하면 잡념에 시달리지 않고 온전히 일에만 집중할 수 있으며, 그만큼 생산성을 높일 수 있다. 복잡하게 생각할 것이 전혀 없다. '죽고 나면 얼마든 쉴 수 있다'라는 그릇된 가치관에 더는 현혹되서는 안 된다. 삶에서 휴식을 덜어낸다면 우리 자신은 물론 온 세상이 황폐해지고 말 것이다. 그러니 오늘은 몸과 마음의 속도를 늦추고 티타임을 가져보자.

인생을 즐기라는 말보다 멋진 말이 또 있을까?

DAY

62

불 바라보기

오늘 수련을 위해서는 불이 필요하다. 오늘 사정이 여의치 않다면 우선 눈 앞에 불이 있다고 상상하고, 돌아오는 휴일에는 캠핑을 떠나 캠프파이어를 즐기며 시간을 보내보자. 불은 매우 경이로운 현상이지만 우리는 생활에 너무 익숙한 나머지 당연한 것으로 여긴다. 불이란 물질 속에 저장된 에너지가 방출되면서 나타나는 현상으로, 다시 말해 나무(또는 천연가스)가 연소하면서 분자가 가진 에너지가 열의 형태로 뿜어져 나오는 현상이다. 나무가 타면서 분출하는 에너지는 오래전에 저장된 것이며, 천연가스라면 이보다 훨씬 더 거슬러 올라가야 한다.

　따라서 여러분은 불을 통해 과거로 여행을 떠나는 것이나 마찬가지다. 다시 말해 물질 속에 오랫동안 갇혀 있다가 공기 중으로 산산이 흩어지는 생명의 에너지를 볼 수 있다. 불은 또한 매우 역동적으로 춤을 추며 흐르는 강물처럼 끊임없이 새로운 모양으로 변신한다.

불 가에 앉아서 그 안에 담겨 있는 억겁의 세월에 대해 생각해보자. 여러분은 아주 오래전부터 존재했던 에너지가 터져 나오는 모습을 보고 있다. 천연가스를 비롯한 각종 연료는 식물이 광합성을 통해 얻은 화합물이 오랜 세월 동안 탄소 형태로 쌓이면서 만들어진 것이다. 따라서 불꽃은 아주 오래전에 지구에 내리쬤던 햇볕이다.

불꽃을 보니 어떤 기분이 드는가? 옛날 조로아스터교 신자들은 불을 통해 영혼에 긴 때를 씻어낼 수 있다고 믿었다. 그들은 그 믿음을 바탕으로, 축제를 벌일 때는 불 위를 뛰어넘거나 주변에 둘러앉아 시간을 보냈다.

돌아오는 휴일에 여러분이 해야 할 수련은 캠핑을 떠나서 불 가에 앉아 밝은 빛을 한가득 쬐는 것이다. 불에서 뿜어져 나오는 에너지로 여러분의 생각, 느낌, 감정 모두를 씻어내보자. 또 장작이 타는 소리를 들으며 불이 자아내는 분위기에 한껏 젖어보자.

장작불 앞에서 어느 정도 시간을 보내다 보면 강렬한 리듬을 몸으로 느끼게 될 것이다. 땔감을 던져 넣을 때마다 불길은 화가 난 듯 치솟고 어느 정도 시간이 흐른 뒤에는 점차 안정을 찾아간다. 땔감을 더 넣지 않고 놔두면 불길은 서서히 잦아들다가 결국 빨간 재를 남기며 꺼지고만다.

여러분의 인생은 지금 어떤 상태인가? 불이 꺼지지 않게 땔감을 계속 집어넣어야 하는 상황인가? 아니면 땔감을 구하느라 고군분투하고 있는가? 불의 세기는 어떠하며, 연소율을 높이려면 무엇이 필요한가? 오직 여러분만이 이 질문에 대해 대답할 수 있다. 또, 때에 따라서는 답을 찾기 위해 깊이 생각해 볼 필요도 있다. 여러분 앞에 놓인 장작불의 모습을 보면서 행복한 인생을 위해 지금 무엇이 필요한지 곰곰이 생각해보자. 점차 안정을 찾아가는 불길을 바라보며 마음을 차분히 가라앉히고 불에서 뿜어져 나오는 에너지로 머릿속에 꺼있는 잡념을 씻어내자. 머리를 깨끗이 비워야 좋은 생각과 영감을 끌어낼 수 있다. 여러분의 인생이라는 불꽃은 현재 어떤 상태이며 어떻게 해야 불꽃의 세기를 원하는 대로 조절할 수 있을까?

DAY

63

빛의 변화 향유하기

우리가 느끼는 시간의 흐름은 하늘의 밝기와 밀접한 관계가 있다. 태양이 쏟아내는 빛의 양에 따라 시간과 계절의 변화를 인식하고 그 패턴에 맞춰 생활 방식과 신체 리듬을 조정해왔기 때문이다. 날이 어두워지면 뇌에서 수면 호르몬이 분비되는 것도 바로 이 때문이다. 그런데 전기와 전구가 발명되면서 이 흐름이 차츰 깨지기 시작했다.

오늘은 아침 일찍 밖에 나가서 시간의 속도가 어떻게 느껴지는지 기록해보자. 이른 새벽의 적막 속에서는 시간이 천천히 흐른다. 간혹 새들이 지저귀는 소리나 자동차에 시동 거는 소리가 멀리서 들려오기는 하지만 시간은 계속해서 느리고 평화롭게 흘러간다. 심호흡을 몇 번 하면서 이 평화로운 새벽 풍경을 둘러보자.

해가 뜬 뒤 시간은 조금씩 빨라진다. 사람들은 일터를 향해 발걸음을 재촉하고 밤새 멈춰 있던 세상은 다시 윙윙거리며 작동하기 시작한다. 오후 무렵까지 계속해서 빨라지다가 저녁 시간이 다가올수록 한풀 꺾이고 조금씩 내림세를 그린다. 모두 집으로 돌아갈 준비를 하면서 몸과 마음의 속도를 점차 늦춘다. 주변이 어두워지기 시작하면 온종일 수시로 밟아대던 가속 페달에서 비로소 발을 뗀다.

이것이 우리에게 가장 이상적인 리듬이다. 어느 곳에 살든 아침은 다른 시간에 비교해 평화롭고 고요한 상태이며, 잠에서 깬 사람들이 서서히 정적을 깨기 시작한다. 아침에 일찍 일어나면 평화로운 시간을 조금 더 길게 누릴 수 있지만, 문제는 해가 지고 난 다음이다. 저녁 시간에도 집안 조명이며 전자 기기와 TV가 뿜어내는 빛이 주변을 환하게 밝히기 때문이다. 우리가 오랜 세월 자연과 함께하면서 유지해왔던 리듬은 산산이 흩어져버리고 만다.

오늘은 자연스러운 리듬에 맞춰 살면서 여러분의 삶에 어떤 변화가 찾아오는지 살펴보자. 이를 위해서는 빛의 밝기가 변화할 때마다 어떤 느낌이 드는지 확인해봐야 한다. 우선은 빛의 밝기 차이가 큰 시간대(새벽녘, 대낮, 해 질 녘)에 한 번씩 밖에 나가서 각각 어떤 느낌이 드는지 비교해보자. 이에 익숙해지고 나면 나중에는 밝기가 조금만 변해도 차이를 인식할 수 있을 것이다. 그러고 나서 뉘엿뉘엿 해가 지고 달이 뜰 때는 어떤 느낌이 드는지 살펴보자. 분명 낮과는 달리 편안하고 여유로운 기분이 들 것이다. 바쁘게 생활하다 보면 잠시 밖에 나가보기조차 쉽지 않겠지만, 오늘은 꼭 한번 시도해보자.

오늘 저녁에는 어디든 해 질 녘의 하늘을 볼 수 있는 장소로 가보자. 주변이 환하면 효과가 반감되므로 조명이 밝지 않은 곳을 찾자. 몸과 마음의 긴장을 풀고 하늘이 점차 어둑어둑해지는 모습을 지켜보면서 빛의 변화가 마음에 어떤 영향을 주고, 생각의 속도에는 어떤 변화를 일으키는지 감지해보자. 적어도 30분 정도 할애해서 이 변화를 천천히 지켜보자. 원래 우리 몸은 조명 스위치를 끄는 것처럼 밝은 곳에서 어두운 곳으로 갑자기 들어가는 데 익숙지 않다. 서서히 그리고 미묘하게 변화해야 비로소 안정을 취하고 편히 쉴 수 있다.

DAY

64

맨발로 걷기

땅을 가까이하는 삶은 심신 건강을 유지하는 데 매우 유익하다. 우선, 서 있거나 걷다 보면 엉덩이 근육·종아리 근육 등의 자세유지근Postural muscles •이 강화된다.

또한, 땅에서 끊임없이 방출되는 음이온을 쐬면 염증을 완화하는 데 도움이 되고 자기장을 통해 인체에 해로운 전압을 몸 밖으로 내보낼 수 있다.

슈만 공명주파수Schumann resonances란 지구의 고유 주파수이며 대략 7.83 Hz ••에 해당한다. 이는 명상을 하거나 휴식을 취할 때의 뇌파인 알파파(8~12Hz)와 유사하다. 뛰어난 명상가들의 명상 시 뇌파를 측정해보면 더욱 극명히 드러난다.

• 척추를 중심으로 좌우에 위치하는 근육으로, 자세와 체형을 유지하는 역할을 담당함
•• 헤르츠, 1초 동안의 진동수

이처럼 지구는 고유 주파수를 보내며 우리에게 이상적인 주기로 미세하게 흔들린다. 따라서 땅을 밟으며 시간을 보내면 이 리듬에 맞춰 몸과 마음을 가라앉힐 수 있다. 현대 사회에서 우리는 모두 쫓기듯 생활하는 것이 지극히 정상인 것처럼 살지만, 이제 이런 삶에서 벗어나야 한다. 적어도 오늘만큼은 달라져보자.

흙을 밟으며 15분 정도 시간을 보내보자. 신발을 벗고 서서 스트레칭을 하거나 걷는 등 몸을 이리저리 움직이며 몸과 마음의 긴장을 풀자. 발밑에 있는 땅과 리듬을 맞춘다는 생각으로 호흡을 천천히 가다듬어보자. 휴대폰을 확인하거나 TV를 보는 등 전자 기기를 사용해서는 안 된다. 처음에는 지루하게 느껴질 수도 있지만 이런 생각은 얼른 떨쳐버리고 시간이 갈수록 어떤 기분이 드는지 느껴보자.

느릿느릿 시간을 보낸다고 해서 도태되는 것은 아니다. 빠르게 움직여야 경쟁에서 이길 수 있다는 믿음은 미친 듯이 돌아가는 현대 사회가 만들어낸 그릇된 가치관에 불과하다.

오늘은 우리가 태어난 지구로 돌아가는 날이다. 잠시라도 좋으니 흙을 밟으며 몸과 마음에 쌓인 긴장을 풀어보자.

DAY

65

무한함 맛보기

에너지는 어디에서 나오며, 무엇이 우리의 지친 몸을 달래주는 가?

오늘은 하던 일을 잠시 멈추고 이에 대해 생각해보자. 우리 는 고요함 속에 있을 때 비로소 경이로운 시공간으로 다가갈 수 있다. 이는 과거에 연연하거나 앞날을 걱정하지 않고 오로 지 '여기'와 '지금'만을 생각하는 순간이다. 전에는 이런 이야 기를 들을 때마다 여러분은 단지 고개만 끄덕였을 뿐 곧바로 정신없는 일상으로 돌아갔을 테지만, 오늘은 직접 실천해보자.

오늘 우리가 수련할 내용은 하던 일을 멈추고 무한함을 맛 보는 것이다. 이게 무슨 뜻일까?

그 의미를 이해하려면 우선 매시간 한 번씩(휴대폰이나 컴퓨 터의 알람기능을 활용하자) '나는 지금 무엇을 하고 있는가?'라는 질문을 스스로 던져보자. 답이 무엇이 되었든 하던 일을 멈추고 30초 동안 호흡하면서 오로지 몸의 긴장을 푸는 데에만 집중해보자. 처음에는 어떻게 해야 할지 감만 잡아보고 시간이 흘러 어느 정도 익숙해지고 나면 '아무것도 하지 않는 상태'와 '단지 존재하기만 하는 상태'가 어떤 느낌인지 잘 알게 될 것이다. 물론 지금 당장은 이상하게 들릴 수도 있다. 하지만 이 수련을 계속 하다 보면 무엇인가를 느낄 수 있을 것이다.

그것은 바로 고요함 속에 봉인된 무한한 에너지와 시간, 그리고 가능성의 어렴풋한 모습이다.

오늘은 몸속의 막대한 에너지를 활용할 수 있는 원초적 상태로 돌아가는 날이라고 생각하자. 반드시 의식적으로 노력해야 비로소 이런 상태에 들어갈 수 있다. 어떻게 해야 그런 기분을 느낄 수 있는지 일단 깨닫고 나면 그다음부터는 여러분이 원할 때마다 무엇과도 바꿀 수 없는 귀중하고 가치 있는 순간을 누릴 수 있을 것이다.

자, 잠시 하던 일을 중단하고 무한함을 한껏 맛보자.

DAY

66

인생의 나이테 들여다보기

나이테는 나무가 어떤 세월을 거쳐 왔는지를 여실히 보여준다. 계절의 변화에 따라 형태가 달라지기 때문이다. 대략 어느 시기에 강추위 또는 무더위와 싸웠고 목마름에 시달렸는지 알 수 있고, 또 언제 좋은 시기를 보냈는지도 파악할 수 있다. 즉, 나이테는 우리 앞에 서 있는 생명체의 삶 전체를 연대기 표처럼 흥미롭게 보여준다.

이런 관점에서 여러분의 인생을 돌아보자. 여러분에게도 지난 세월이 어떠한 모습이었는지 고스란히 보여주는 나이테가 있다면, 그것은 어떤 모양일까? 지난 몇 년간 극심한 스트레스를 받았다면 이런 경험은 어떤 모양을 남겼으며, 힘들기는 해도 가치가 있는 일에 도전한 뒤에는 또 어떤 모양의 흔적이 새겨졌을까? 아무리 시간이 흘러도 우리가 겪었던 일들은 나이테처럼 세포 어딘가에 고스란히 남아 있을 것이다.

거울 앞에 서서 여러분의 얼굴에 새겨진 나이테를 유심히 들여다보자. 행복한 시간을 보낸 결과 남겨진 것들인가, 아니면 그 반대인가? 불행에는 얼마나 오랫동안 시달렸으며, 그런 기억이 가슴속에 큰 상처를 남기지는 않았는가?

오늘은 인생 전체를 돌아보면서 특히 큰 충격을 받았던 때가 언제인지 기록해보자. 연대표 형식으로 그린 뒤 특별히 기억에 남는 연도 또는 시기를 표기하면 된다. 오늘을 기점으로 거꾸로 거슬러 올라 태어난 시점부터 현재까지 순차적으로 살펴봐도 좋다. 이렇게 하면 더 많은 기억과 당시에 느꼈던 미묘한 감정들을 선명하게 떠올릴 수 있다. 나무에 새겨진 나이테처럼 뚜렷한 흔적을 남긴 것 위주로 기록해보자.

자, 이제는 요즘 어떤 삶을 사는지 한번 생각해보자. 쉽게 풀리지 않는 일 때문에 좌충우돌하는가, 아니면 모든 일이 순조롭게 진행되고 더 큰 목표를 이루기 위해 과감하게 도전하며 살아가는가?

이처럼 과거부터 현재까지 어떤 삶을 살아왔는지 살펴보면 인생 전체에 관한 폭넓은 시야를 확보할 수 있다. 우리도 나무처럼 한평생을 살다가 언젠가는 사라질 것이다. 세상을 떠날 때까지 우리는 과연 어떤 모양의 나이테를 남길까? 여기서 중요한 것은 과거의 경험에서 교훈을 얻고 이를 바탕으로 앞으로 더 나은 삶을 꾸려 나가는 일이다. 큰 충격이 덮쳐올 때마다 우리는 너무 많은 것을 잃어버린다. 물론 힘든 시기를 오랫동안 견디다 보면 그만큼 자신을 더욱 강하게 단련할 수도 있겠지만, 그 과정에서 너무 많은 에너지를 소모한다.

인생의 흐름이 너무 부정적인 방향으로 쏠리지 않게 여러분은 어떤 계획을 세울 것인가? 불안과 걱정은 주로 미래에 대한 불확실성 때문에 생긴다. 불확실성을 줄여 마음의 안정을 찾으려면 무엇을 해야 할지 생각해보자. 다른 데 쓰기로 한 돈을 조금이나마 덜어내서 혹시 모를 위험에 대비하거나, 전혀 도움 되지 않는 생활 습관을 과감히 개선하는 것은 어떨까? 미래의 어느 시점에 고난이 닥쳐올지 예상해보고 지금부터 조금씩이라도 대비해나가자.

요즘 여러분이 밤낮으로 씨름하는 일은 몇 년 후에 봐도 가치 있는 일일까? 판단은 바로 여러분의 몫이다.

DAY

67

나만의 발자취 남기기

이 세상에 어떤 발자취를 남겨야 할지 생각해본 적 있는가? 오늘은 이에 관해 이야기해보려고 한다.

우리의 인생은 무한하지 않다. 아무리 쓰디쓴 케일 주스나 홍삼 농축액을 마시고, 틈만 나면 찜질을 하고, 인스턴트 음식은 일절 입에 대지 않더라도 언젠가는 이 세상을 떠나야 한다.

여러분이 사라진 뒤에도 주변 사람들이 여러분에 관해 영원히 기억해주었으면 하는 것은 무엇인가? 오늘은 자신에게 주어진 환경을 개선하기 위해 그동안 어떤 노력을 해왔으며 앞으로도 인생을 사는 동안 여러분이 해야 할 일이 무엇인지 한번 생각해보자.

여러분의 이상은 무엇인가? 도저히 눈감아줄 수 없는 세상의 불의는 무엇이며 잠자리를 뒤척이게 만드는 고민거리는 무엇인가?

자, 이제 출사표를 던질 때가 왔다.

세상에는 아직 풀지 못한 문제가 산더미처럼 쌓여 있으며 하루가 멀다 하고 눈덩이처럼 불어나고 있다. 많은 사람이 누군가가 나서서 해결해줄 때까지 기다리기 때문이다.

여러분 말고는 그 문제를 해결할 사람은 없다. 사람들은 다들 자신의 삶을 사느라 바쁘다. 혹시 여러분의 가슴속에 호기심 또는 불만의 감정이 강하게 이는 일이 있다면, 이는 반드시 여러분의 손으로 해결해야 할 문제이다. 일종의 숙명인 것이다.

여러분은 지금까지의 삶에 만족하는가, 아니면 2퍼센트 부족하다고 생각하는가? 언젠가 세상을 떠난다는 사실을 인정한다면, 남은 생애 동안 의미 있는 발자취를 남기기 위해 무엇을 할 생각인가? 여러분의 죽고 난 뒤 무덤의 비석에 무슨 말이 적혀 있어야 행복과 자부심을 느낄 것 같은가? 오늘은 여러분이 직접 그 문구를 만들어보자. 내일로 미루지 말고 반드시 오늘 작성해야 한다. 의미 있는 발자취를 남기려고 이미 노력하고 있었든, 무엇을 해야 할지 아직 전혀 감을 잡지 못했든 오늘은 목표를 이루기 위해 아주 중요한 첫걸음을 떼는 날이다. 아주 작은 발걸음이라고 해도 앞으로 나아가다 보면 세상도 여러분이 원하는 방향으로 조금씩 움직일 것이다.

이런 생각은 은퇴 후에 해도 늦지 않다고 생각할지도 모르지만, 절대 그렇지 않다. 나이가 들면 더 힘도 없고 아픈 데가 많아져서 의욕을 가지고 밀어붙일 수 없다. 그러니 반드시 오늘부터 시작해야 한다.

이 세상에 어떤 발자취를 남기고 싶은지 깊이 있게 생각한 다음, 이를 구체화하기 위한 계획을 수립해나가자. 그러고 나서 소소해도 좋으니 목표를 향해 조금씩 나아가자. 일주일에 단 몇 시간밖에 투자하지 못할 수도 있겠지만, 그래도 괜찮다.

조금씩이라도 꾸준히 열정을 불태우면 나중에 큰 결실이 되어 돌아올 것이다. 지금은 바빠서 못하지만 언젠가는 몸과 마음이 여유로워지는 날이 올 거라 생각하고 그날을 마냥 기다린다면 큰 오산이다. 당장 실행하지 않으면 시간이 갈수록 핑곗거리만 점점 늘어난다. 결국 우리는 아무것도 남기지 못한 채 세상을 떠나는, 지극히 평범한 죽음을 맞이하게 될 것이다. 여러분은 그러지 않기를 바란다.

오늘은 한 번뿐인 인생에서 어떤 발자취를 남기고 싶은지 잘 생각한 뒤, 비석에 여러분이 원하는 단어들이 새겨질 수 있도록 구체적인 실행 계획을 세우자. 앞으로 몇 년 정도 더 살 수 있을지 대략 계산해보고 앞으로 무엇이 필요한지도 꼼꼼히 살펴보자. 혼자 하기에는 규모가 너무나도 큰 일일 수도 있지만 그래도 상관없다. 사람들은 명확한 비전과 뜨거운 열정을 가진 리더를 따르기 마련이고 여러분도 그런 리더가 될 수 있다.

자, 당장 무엇을 해야 할지 찾아서 그곳에 여러분의 열정을 한껏 쏟아붓자.

DAY

68

침실 정리하기

침대는 잠을 자고 사랑을 나누는 곳이다. 하지만 실제로는 이 곳에서조차도 다른 일을 하기 일쑤다. 오늘은 침대에 올려놓은 모든 것들을 치우자. 침대는 잠들기 전 종일 열려 있던 몸과 마음의 창문을 닫고 문을 걸어 잠그는 신성한 공간이다. 독서등을 켜놓고 독서를 하는 것 정도는 괜찮지만, 잠자리에서까지 휴대폰으로 업무를 보는 것은 바람직하지 않다. 휴대폰 화면에서 뿜어져 나오는 블루라이트는 호르몬 분비를 교란하여 수면을 방해한다.

오늘은 수면을 방해하는 습관이 무엇인지 살펴보자. 여러분은 잠들기 전에 몸과 마음이 편안한 상태가 되도록 만드는가, 아니면 온종일 밖에서 정신없이 시간을 보내던 생활 방식을 잠들기 전까지 그대로 유지하는가? 명심하자. 저녁 시간은 반드시 차분한 분위기 속에서 보내야 한다.

방안을 한번 둘러보자. 뭔가 어지럽게 널려 있는가? 그렇다면 이는 곧 여러분의 머릿속도 이것저것으로 가득 차 있다는 것을 말한다. 오늘은 잠들기 전에 침실을 정리하자. 우선 침실에 TV가 있다면 거실로 옮겨야 한다. 수면 전문가들은 이구동성으로 TV가 수면에 매우 좋지 않은 영향을 준다고 주장한다. 또한, TV는 부부 관계를 악화시키고 잠들기 전에 깨끗하게 비워야 할 머릿속을 무의미한 소음으로 가득 채운다.

TV 이외에도 수면을 방해할 만한 전자 기기들은 모조리 다른 곳으로 옮기자. 주변 분위기가 차분해야 제대로 잠을 잘 수 있고, 우리 몸은 자는 동안 외부 자극에 민감하게 반응하므로 조금이라도 수면을 방해할 만한 것은 잠자리에서 멀리 둬야 한다.

다음은 안전성에 대해서 생각해보자. 여러분은 밤에 얼마나 안전한 환경에 있다고 느끼는가? 깜짝 놀라게 할 만큼 큰 소리가 주변에서 들리진 않는가? 범죄율이 높은 지역에 산다면 모든 문에 탄탄한 자물쇠를 설치해야 한다. 이 경우 개를 키우는 게 도움이 될 수도 있다(물론 개가 코를 심하게 고는 녀석이라면 어쩔 수 없이 거실에서 자는 버릇을 길러줘야겠지만). 어쨌든 여기서 강조하려는 것은, 수면은 모든 것을 내려놓고 어둠의 심연으로 들어가는 행위인 만큼 반드시 안전하다는 느낌을 받아야 한다는 것이다.

당연한 말이지만 빛 또한 일종의 공해이며 수면에 전혀 도움이 되지 않는다. 방안 곳곳을 살피면서 빛을 조금이라도 내

뽑는 것은 모조리 다른 곳으로 옮기자.

그다음으로는 여러분이 침대에 누워서 하는 모든 행동에 대해 돌아봐야 한다. 전화 통화를 하거나 SNS를 하는 등 잠을 자고 사랑을 나누는 것 외에 어떤 활동을 하는가? 침실에서 하는 일의 목록을 만들고 하나씩 바로 잡아보자. 평소에는 상관없지만, 잠자리에서만큼은 반드시 삼가야 한다. 선을 잘 지켜서 행동하다 보면 머지않아 놀라운 일을 경험하게 될 것이다.

밤에는 느긋하게 시간을 보내야 한다. 그래야 더 많은 에너지를 보충하고 마음의 여유를 가질 수 있다. 그리고 이렇게 몸과 마음이 평온해져야 일상으로 돌아갔을 때 자신을 더 현명하게 돌볼 수 있어 결과적으로 생산성도 높아진다.

편안히 잠잘 수 있는 분위기를 조성하는 것은 그리 어렵지 않은 일이지만 시간이 지날수록 엄청난 차이를 낳는다. 오늘은 잠자리를 잘 정리해서 숙면하고 사랑을 나누기에 좋은 장소로 만들어보자. 며칠 동안 꾸준히 해보면 머지않아 이 차이를 실감하게 될 것이다.

남은 심장 박동 수 의식하기

우리의 심장은 하루에 약 10만 번 정도 뛴다. 따라서 1년 동안 3,500만 번, 71세까지 산다고 가정했을 때 평생 약 25억 번 정도 뛴다. 이것이 우리에게 주어진 심장 박동 수다. 가령 여러분이 25억 달러를 갖고 있다면 부자가 된 기분이 들 것이다. 인간의 평균수명은 71세이니 만약 여러분이 46세라면 가진 돈 중에서 이미 16억 달러를 써버린 셈이다. 아직 9억 달러라는 거액이 남아 있기는 하지만, 언젠가는 돈이 다 떨어질까 봐 걱정하게 될 것이다. 그렇다면 그 시기는 대략 언제쯤일까? 여러분의 나이가 몇이든 현재 만족할 만한 인생을 살지 못하다면 '지금 당장' 걱정해야 한다.

여러분이 어떤 인생을 사는지 반성해보고 만족감과 행복감을 최대화하는 방향으로 심장 박동 수를 소비하는 중인지 잘 생각해보자. 지금 여러분이 하는 일이 이 정도의 가치를 투입할 만큼 의미가 있는 일인가? 아니면 당장 멈추고 더욱 의미 있는 일을 찾아볼 필요가 있는가?

오늘은 여러분이 그동안 심장 박동 수를 어디에 얼마나 썼는지 한번 생각해보자. 이 중에서 아무 일도 하지 않고 무의미하게, 혹은 머릿속을 걱정과 잡념으로 꽉 채우며 보낸 날이 과연 얼마나 될까? 시련을 겪거나 극심한 스트레스를 받으며 소진한 심장 박동 수는 몇 회이며, 앞으로 행복한 나날을 보내기 위해 투자해야 할 박동 수는 몇 회일까?

누구도 확실하고 진실성 있게 대답하지는 못할 문제다. 다만 내가 하고 싶은 이야기는 이렇게 관점을 바꿔 생각해보자는 것이다. 우리는 종종 인생이라는 도로를 잘 달리다가 엉뚱한 곳에 멈춰 서서 엔진을 공회전시키는 경우가 있다. 혹시 지금 여러분이 그런 상태라면 어떻게 해야 다시 도로를 달릴 수 있을까?

여기서 핵심은 여러분에게 주어진 심장 박동 수를 채우면 모든 것이 끝난다는 사실을 이해하는 데 있다. 여러분이 앞으로 더 해보고 싶은 것은 무엇인가? 꼭 가보고 싶은 장소가 있다면 일정을 무난하게 소화하기 위해 체력을 어떤 방법으로, 얼마나 끌어올려야 할까? 은퇴할 때까지 기다렸다가는 결국 영영 하지 못할 일도 있다. 오늘은 이에 대해서 찬찬히 생각해보고, 꿈꾸고 열망했던 것을 모두 이루기 위한 계획을 세워보자.

여러분에게는 진정한 즐거움과 행복을 경험하는 데 필요

한 심장 박동 수가 아직 많이 남아 있다. 앞으로 며칠 동안, 어떻게 해야 그런 기분을 매일 느끼며 살아갈 수 있을지 곰곰이 생각해보자.

DAY

70

욕조에 몸 담그기

오늘의 수련을 위해서는 저녁까지 기다려야 할 수도 있다. 먼저 적어도 30분에서 한 시간 정도 전혀 방해받지 않고 욕조에 몸을 담글 수 있는 시간을 확보하자. 중요한 것은 짬을 내는 것이 아니라 욕조에서 보낼 시간을 따로 확보해야 한다.

욕조에 들어가 팔과 어깨를 내놓고 한 시간 정도 몸을 담그자. 아래에 적힌 것들을 준비하면 더 좋은 효과를 볼 수 있다.

1. 엡섬솔트

2. 라벤더 에센셜 오일● 등 아로마 오일

3. 캔들

4. 차분한 음악

● 라벤더에서 추출한 오일로, 불안 · 불면증 · 스트레스 해소에 도움이 되어 고대 로마시대부터 목욕 용품으로 사용되어 왔음

욕조에 물을 받기 전에 우선 가볍게 샤워한 후, 물을 다 받은 뒤에는 약간의 엡섬솔트와 에센셜 오일을 몇 방울 떨어뜨리고 나서 몸을 담그자. 캔들에 불을 붙인 다음 준비한 음악을 틀고 조명은 꼭 필요한 것만 남기고 모두 끄자. 스마트폰으로 음악을 듣는다면 비행기 모드로 전환해서 방해받는 일 없이 온전히 여러분만을 위한 시간으로 가득 채우자. 일정상 시간이 여유롭지 않다면 알람을 미리 맞춰놓고 몸의 긴장을 풀면서 느긋하고 편안한 기분으로 즐겨보자.

그런 후에는 스무 번 정도 숨을 깊게 들이쉬고 내쉰 다음 어떤 기분이 드는지 느껴보자. 무엇인가 스트레스가 남아 있다는 생각이 들면 욕조에 몸을 계속 담그고 편안히 휴식을 취하자. 어느 정도 시간이 흘러 처음보다는 훨씬 편안한 기분이 들면 다시 몇 차례 심호흡을 해보자. 머릿속에 복잡한 생각이 떠오르더라도 무시하고 엡섬솔트에 들어 있는 마그네슘 성분이 피부를 통해 흡수되고 모든 독소가 몸 밖으로 빠져나가는 모습을 상상해보자. 마그네슘은 더 많은 에너지를 생성하게 해주고, 신경을 안정시키기 때문에 숙면을 하는 데도 도움이 된다. 이렇게 몇 번 반복하다 보면 몸과 마음에 쌓인 스트레스가 풀릴 것이다.

긴장이 모두 풀렸으면 욕조의 물을 빼고 천천히 일어나 한 번 더 가볍게 샤워하되, 이번에는 물의 온도를 체온보다 조금 낮추자. 몸속의 에너지를 보호하고 기(에너지)를 끌어올리려면 적당히 차가운 물로 샤워하는 게 좋다.

피로가 풀릴 때까지 욕조에 몸을 담그는 것이 시간 낭비처럼 여겨질 수도 있지만, 이렇게 몸과 마음을 추스르고 나면 향후 일주일 동안은 상쾌한 기분으로 즐겁게 생활할 수 있다. 여러분도 반드시 직접 체험해 보기 바란다.

오늘날 많은 사람이 정신·육체 피로를 호소하면서 개인적인 시간이 없다고 불평하며 살아간다. 이런 상태가 계속되면 보통은 먼 곳으로 여행을 떠나거나, 갖가지 영양제를 먹거나, 새로운 직장을 찾아보곤 한다. 그러나 굳이 이렇게까지 하지 않아도, 평소에 자기 자신을 조금씩이라도 꾸준히 보살핀다면 얼마든지 균형 잡힌 삶을 누릴 수 있다. 아무리 바빠도 가끔은 자신만을 위한 시간을 보낼 줄 알아야 비로소 시간적 풍요로움을 누릴 수 있다.

DAY

71

격렬하게 운동하기

오늘날 많은 사람이 매일 '빨리빨리'를 외치며 살아간다. 저글링을 하듯 여러 개의 일을 동시에 처리하면서도 늘 일정에 쫓기고 수시로 식사를 건너뛴다. 이는 한마디로 '무의미한 서두름'이라고 표현할 수 있다. 한편 빨리 걷거나 달려서 심장박동수를 끌어 올리는 것은 완전히 다른 이야기다. 이를 통해 우리 몸에 활기를 불어넣을 수 있기 때문이다. 규칙적으로 심장 강화 운동을 하면 엔도르핀 분비를 촉진할 수 있을 뿐 아니라 림프 계통을 활성화할 수 있다. 또, 몸속에 쌓여 있던 독소를 더욱 원활하게 배출하고 많은 에너지를 얻을 수 있다.

오늘은 심장 강화 운동을 통해 심장 박동 수를 끌어올려보고 시간 감각에 어떤 변화가 생기는지를 느껴보자. 가까운 공원이나 헬스장 등 적당한 공간이 있다면 그곳에서 몸을 풀어보자. 우선 운동하다가 다치지 않도록 가볍게 스트레칭하면서 워밍업을 해야 한다.

앞에서 말한 것처럼 심장 강화 운동을 하면 우리 몸의 건강지수를 전체적으로 높일 수 있다. 그렇지만 오늘은 이 운동을 조금 다른 각도에서 살펴보자.

심장 박동 수가 올라가는 것은 시계의 초침이 조금 더 빠르게 움직이는 것과 같다. 몸의 바깥쪽에서 흐르는 시간은 그 속도가 항상 일정하지만, 몸속의 시간은 심장이 빨리 뛸수록 확실히 더욱 빠르게 흐를 것이다.

어느 정도 워밍업을 끝냈다면 천천히 달리거나, 자전거를 타면서 10분 정도 준비 운동을 한 뒤 전속력으로 앞으로 나아가자. 심장 박동 수를 최대한으로 끌어올린다는 생각으로 1~2분간 젖 먹던 힘까지 모두 쏟아내자(물론 자신의 건강 상태에 따라 완급을 적절히 조절해야 한다). 일반적으로 성인의 최대 심박수는 분당 160~180회 정도다. 헬스장에서 여러분의 최대 산소 섭취량*을 측정해 봐도 좋고, 220에서 본인의 나이를 빼서 최대심박수가 대강 어느 정도일지 계산해봐도 된다. 기본적으로는 숨을 제대로 쉴 수 없을 만큼 격렬히 운동했을 때의 심장 박동 수가 여러분의 최대치라고 보면 된다.

이렇게 심장 박동 수를 최대치로 끌어올린 다음에는 속도를 천천히 늦춰서 정상치인 분당 110회로 돌아가보자. 이제 정

● 운동 중 단위 시간당 인체가 섭취하는 산소의 최대치를 의미하며, 지구력을 측정하기 위한 지표로 자주 이용됨

상처를 회복하면서 어떤 느낌이 드는지 느껴보자.

이렇게 2~5회 반복한 다음에는 가벼운 스트레칭으로 호흡을 가다듬으면서 어떤 기분이 드는지 살펴보자.

심장 강화 운동은 시간에 대한 감각이 상황에 따라 얼마든지 변화할 수 있음을 깨닫게 해주는 매우 멋진 훈련이다. 즉 우리는 몸의 생리적 변화에 따라 시간이 평소보다 빠르게 혹은 느리게 흐르는 것처럼 느낄 수 있다. 이 운동을 통해 우리는 두 가지를 깨닫게 된다. 첫 번째는 몸을 격렬하게 움직이면 육체적으로 그리고 생리적으로 긍정적인 변화를 끌어낼 수 있다는 점이고, 두 번째는 심장 박동 수의 변화에 따라 우리의 의식에도 변화가 생기고 생리적으로 급격한 변화를 경험할 때마다 현실에 대한 인식도 크게 달라진다는 점이다. 오늘의 수련을 통해 여러분은 자신에 대해 더 많이 알 수 있다. 또한 삶이라는 크나큰 배를 운항하는 데 필요한 강력한 통제권을 쥐게 될 것이다.

DAY

72

어둠으로 힐링하기

오늘의 수련을 위해서는 일단 어둑어둑해지는 저녁 시간까지 기다려야 한다.

어둠은 몸과 마음을 달래준다. 주변이 어두워지면 두뇌는 이제 모든 육체 활동을 서서히 줄이고 잘 준비를 한다. 체온이 조금씩 떨어지면서 몸은 스스로 유지·보수 모드로 전환하고 일상 속에서 상처받은 이곳저곳을 치유하기 시작한다. 초기화 버튼을 누르는 셈이다. 이처럼 어둠은 우리 몸과 마음의 치유와 회복을 위해 꼭 필요한 존재이다.

오늘 밤에는 잠깐이라도 어둠 속에서 심신의 안정을 취해 보자. 가족과 함께 있는 상황에서 불을 끄기는 어려우니 방에 들어가자. 제일 좋은 것은 가족과 함께 해보는 것이다.

조명을 모두 끄고 자리에 앉은 뒤 숨을 아랫배까지 채운다 는 느낌으로 심호흡하면서 1~2분간 눈을 감고 있자. 마음이 차분히 가라앉고 나면 눈을 뜨고 어둠에 적응해보자. 어떤 불빛이 눈에 들어오는가? 전자 기기나 벽시계가 뿜어내는 빛 혹은 거리의 가로등 불빛이나 문틈으로 흘러들어온 복도 형광등 불빛인가? 아니면 창틈으로 들어온 달빛인가?

자, 이제는 숨을 천천히 깊게 들이쉬고 내쉬면서 어둠 속에서 희미하게 보이는 빛에 초점을 맞춰보자. 왠지 모르게 불안하거나 불편한 느낌이 든다면 그 이유는 무엇일까? 지금 여러분은 다른 곳도 아닌 자신의 집에 있고, 게다가 불과 몇 분 전까지만 하더라도 안전하다고 느꼈을 텐데 말이다. 같은 공간에 있지만, 인공조명이 사라졌을 때 무서움을 느끼게 되는 이유는 무엇일까? 천천히 심호흡하면서 긴장을 덜어내보자.

우리는 별다른 이유 없이 어둠을 두려워한다. 이리저리 뛰어다니는 게 아니니 무엇인가에 걸려서 넘어질 위험도 없는데 말이다. 수련이 끝나고 나면 휴대폰 화면 불빛으로 조명 스위치를 찾아서 불을 켜면 되니, 불안해하지 말고 계속 앉은 채로 어둠 속에서 몸과 마음을 차분히 가라앉히자.

시간이 흐를수록 불빛이 없는 환경이 얼마나 우리의 마음을 편하게 해주는지 깨닫게 될 것이다. 이는 우리가 생물학적으로 그렇게 적응해왔기 때문이다. 어둠 속에서 시간을 보내는 동안 우리의 뇌는 주변을 인식하고 몸과 마음을 차분히 가라앉히라는 신호를 온몸으로 보낸다. 이는 시간의 흐름에 대한 인식에도 많은 영향을 미친다.

이 수련을 일종의 의식으로 삼아서 매일 밤 꾸준히 해보자.

그리고 이런 습관으로 인해 밤에 얼마나 더 쉽게 잠들 수 있게 됐는지 관찰해보자. 잠들기 직전까지 TV를 보거나 침대에서 스마트폰 화면을 보지 않고 빛의 자연스러운 변화에 맞춰 하루를 마무리한다면 얼마나 마음이 평온해질지 상상해보자. 처음에는 어색하거나 어렵게 느껴질 수도 있지만, 어느 정도 익숙해지고 나면 시간의 속도를 늦추고 몸과 마음에 쌓인 긴장을 풀고 싶을 때면 자연스레 어둠을 찾게 될 것이다.

DAY

73

도움 요청하기

여러분은 할 일이 너무 많아서 시간이 늘 부족한가? 다른 사람들에게서 어떤 도움도 받지 못하는 것 같고, 여러분에게 주어진 삶을 유지하느라 시간을 모조리 탕진하는 것 같은 느낌이 드는가?

우리는 모두 어떤 식으로든 모든 것을 통제하고 싶어한다. '나는 그 일을 이런 방식과 이런 순서로 끝내야 한다'라고 생각하면서, 다른 누군가에게 도움을 요청하기 어려워한다.

그러나 도움을 받지 않고 혼자서 모든 것을 처리하려고 하다 보면 결국에는 탈진하고 말 것이다. 오늘은 뭐라도 방법을 찾아보자.

어제 하루를 돌아보고 아침에 일어나서 밤에 잠들 때까지 여러분이 했던 모든 일을 종이에 적어보자. 화장실에 간 것부터 심부름한 것까지 어제 했던 모든 일을 세세하게 기록해보

자. 기억을 더듬고 종이에 적기까지 어느 정도 시간이 걸릴 수도 있지만, 그럴만한 가치가 있다. 활동마다 한 행씩 계속 써내려가고 만약 중간에 기억이 나지 않으면 일단 건너뛴 뒤 기억이 나면 채우자. 그리고 각 활동 내용의 오른쪽에는 그 일에 든 시간을 기록해보자.

활동 목록을 일단 정리했으면(하루 동안 셀 수 없을 만큼 많은 일을 하므로 당연히 완벽한 목록을 만들 수는 없다) 위에서부터 읽어 내려가보자. 그중에서 누군가의 도움을 받을 수 있는 항목 옆에는 작은 별표를 표시해보자. 여러분의 상황에 따라 아이들 보기, 장보기, 세무신고하기, 저녁 식사 준비하기 등 다른 사람에게 맡길 수 있는 일은 다양하다. 목록을 훑어보면서 누군가가 여러분을 손쉽게 도와줄 수 있을 만한 항목이 무엇일지 자세히 살펴보자. 비록 남에게 위탁할 수 있을 만큼 재정적으로 여유롭지 않더라도 꼭 여러분이 할 필요가 없는 일은 일단 표시해두자.

그다음에는, 별표를 표시한 항목들을 다시 한번 살펴보면서 친구나 가족에게 큰 부담 없이 도움을 요청할 수 있는 항목에 다른 색으로 별표를 표시해보자. 이렇게 주변 사람들에게 손쉽게 부탁할 만한 일이 무엇인지 확인하는 것이 첫 번째로 해야 할 일이다.

또, 여러분이 하는 일 중에서 돈을 지급하고 다른 사람에게 맡길 만한 일이 있다면 그만큼 가족과 행복한 시간을 보낼 수 있는 여유를 얻게 된다.

집안일뿐 아니라 직장에서도 누군가의 도움이 필요한가? 어쩌면 신입사원이나 인턴을 채용해야 할 시점이 된 것인지도 모른다. 잘 생각해보자. 80/20 법칙(파레토 법칙)에 따르면 여러분이 버는 돈의 80퍼센트는 총 투입시간의 20퍼센트에서 비롯된다. 그렇다면 이 20퍼센트에 해당하는 핵심 업무는 무엇이며, 여러분은 무엇을 하느라 시간을 낭비하고 있는가? 그리고 다른 사람의 도움을 받아야 할 일은 무엇인가?

만약 집안일 때문에 눈코 뜰 새 없이 바쁘다면 마찬가지로 80/20 법칙을 적용해보자. 반드시 여러분이 해야 할 일은 무엇이며 실제로는 어떤 일을 하느라 시간을 보내고 있을까? 또, 직접 하지 않고 남에게 맡겨도 될 일은 무엇이고 누구에게 맡기는 것이 좋을까? 오늘은 목록에서 별표를 표시한 것 중 한 가지를 선택해서 다른 누군가에게 어떻게 도움을 요청하는 것이 좋을지 생각해보자. 그 일은 오로지 다른 사람에게만 맡기고 다시는 여러분의 할 일 목록에 올라오지 않게 하자. 만약 생각한 대로 잘 진행되지 않더라도 누군가에게 전적으로 위임해서 처리할 방법은 없는지 계속해서 찾아보자.

DAY

74

호숫가에서 시간 보내기

호숫가의 풍경이 유독 평화롭게 느껴지는 이유는 무엇일까? 아마도 시간이 멈춘 것 같은 느낌이 들기 때문일 것이다. 한번 생각해보자. 상류에서 내려온 물은 지형을 따라 하류로 흐르면 서 점차 강이나 개울로 유입된다. 이를 통해 우리는 시간의 흐 름을 체감할 수 있다. 시간과 마찬가지로 물도 끊임없이 흐르 며 한번 흘러가면 다시는 볼 수 없기 때문이다. 반면 호수는 이 러한 흐름이 멈춘(또는 매우 느린 속도로 흐르는) 곳이다. 한번 유 입된 물은 다른 곳으로 흘러가지 않고 시간이 갈수록 점점 불 어날 뿐이다. 호수에 고인 물은 그곳에서 서식하는 물고기, 곤 충, 이끼를 비롯한 다양한 동식물에 양분을 제공한다. 그리고 우리는 호숫가의 고요한 풍경 덕분에 마음을 차분하게 가라앉 힐 수 있다.

오늘은 호수나 연못가에 앉아 평화로운 풍경을 바라보며

일상의 흐름을 잠시라도 멈춰보자. 주변 지리를 잘 모른다면 지도에서 찾아보고 조그만 호수라도 좋으니 어디든 꼭 시간을 내서 가보자.

여러분 앞에 펼쳐진 아름다움의 본질에 대해서 한번 생각해본 뒤 아랫배까지 숨을 가득 채운다는 느낌으로 심호흡을 몇 번 하면서 서서히 긴장을 풀어보자. 여러분의 하루를 거친 물결로 비유하여 아침부터 지금까지 무슨 일이 생길 때마다 물줄기가 굽이쳤다고 상상해보자. 그런 다음 현재로 돌아와서 그토록 격렬했던 물의 흐름이 아름다운 호수를 만나면서 잔잔해지는 모습을 머릿속에 그려보자. 호수는 강보다 수심이 깊고, 호수를 만난 물은 더는 거세게 파도치거나 흐르지 않고 조용히 제자리에 머무른다. 이런 차이를 눈여겨보면서 일상의 흐름을 호수와 강에 비유해보자. 빠르게 흐르다가도 호수를 만나면 잠시 멈춰서는 강물처럼, 우리 역시 바쁜 일상에 휘둘리기만 하기보다는 때로는 잠시나마 느긋하게 시간을 보낼 필요가 있다. 이렇게 가끔 멈춰서는 습관을 기르면 이전보다 질적으로 달라진 시간을 보낼 수 있게 될 것이다.

숨을 천천히 쉬면서 호수의 고요한 정경을 즐겨보자. 호수만 바라보며 아무것도 하지 않고 시간을 보내다 보면 오늘 하루 동안 하기로 한 일을 다 하지 못할까 봐 걱정될 수도 있다. 그럴 때는 호수의 반대쪽 끝부분, 즉 물이 빠져나가는 부분으로 시선을 옮겨보자. 그곳에서는 물의 흐름이 점차 빨라지면서 개울이 되어 호수 밖으로 빠져나가는 모습을 볼 수 있다. 이

물처럼 우리도 호수에 잠시 머무른 뒤에는 자연스레 원래의 일상으로 돌아가게 될 것이니 너무 걱정할 필요 없다. 느긋하게 시간을 보낸 뒤 다시 평소의 일상으로 돌아간다고 하더라도 문제없이 잘 적응할 수 있을 것이다. 너무 걱정하지 말고 가벼운 마음으로 다시 시선을 호수의 한가운데로 옮겨 편안하고 고즈넉한 시간을 보내도록 하자.

상황이 허락하는 한 호숫가에 될 수 있는 대로 오랫동안 머물러보고 만약 호수나 연못에 갈 수 없는 상황이라면 호숫가의 아름다운 풍경과 자연의 소리를 머릿속에 떠올려보자. 그러다가 나중에 직접 가볼 수 있게 되면 상상만 할 때보다 조금 더 오랫동안 아름답고 조용한 경치를 즐겨보자.

천천히 흘러가는 잔물결은 여러분과 시간의 관계를 완벽하게 투영한다. 물과 시간의 흐름은 느려질 수도, 빨라질 수도 있다. 지금 평화로운 호숫가에 머물러 있지만 잠시 뒤에는 다시 세찬 파도 위에서 노를 저어야 할 수도 있다. 다만 반드시 기억해야 할 것은 파도가 아무리 거칠더라도 이것이 한때는 호수에 잔잔히 머물러 있던 물이었다는 사실이다.

다시 원래의 일상으로 돌아갈 준비가 됐다면 호수에서 물이 밖으로 빠져나가는 쪽으로 시선을 옮겨보자. 그리고 조금씩 물줄기를 이루며 흘러나가는 모습을 상상해보자. 처음부터 너무 서두르지 말고 천천히 조금씩 속도를 높이며 파도에 적응해보자.

DAY

75

새들의 노래 듣기

가만히 서서 새들을 바라본 적 있는가? 새들이 나무에 앉아 있
는 모습을 바라보거나, 노래하는 소리를 듣거나, 날아가는 새
를 따라가 본 것이 마지막으로 언제인가?

새들의 지저귐은 우리 주변에서 접할 수 있는 신비로운 생
명의 언어다. 새들은 자연에서 일어나는 일들에 대해 서로 이
야기를 나눈다. 그들의 이야기 안에는 다른 동물의 침입을 무
리에게 알리는 경고뿐만 아니라 사랑의 속삭임 등 다양한 메
시지가 포함되어 있다.

오늘은 바쁘더라도 반드시 시간을 내서 새들이 선물하는
놀라운 세계를 경험해보자. 건물 밖으로 나가서 새들의 노랫소
리를 듣기 좋은 적당한 곳을 찾아 아랫배까지 깊숙이 숨을 들
이쉰다는 느낌으로 심호흡하고 정신을 집중하자. 그런 뒤에는
주변에서 들리는 모든 소리에 귀를 기울여보자. 점점 사람들이

말하는 소리, 기계가 움직이는 소리 등 다양한 소리가 생생히 들리기 시작할 것이다.

자, 이제는 새들이 지저귀는 소리에만 귀를 기울이고 다른 소리는 조금씩 무시해보자. 계속해서 느리고 얕게 숨을 쉬면서 몸의 긴장을 풀고 오로지 새들이 내는 소리에만 귀를 기울여보자.

얼마나 많은 새의 소리가 들리며, 얼마나 다양한 소리가 들리는가? 그 녀석들은 지금 행복해하는 것 같은가, 아니면 스트레스를 받은 것 같은가? 소리가 먼 곳에서 들리는가, 아니면 가까운 곳에서 들리는가?

너무 심각하거나 진지하게 접근할 필요는 없고 새로운 세계에 방문한다는 기분으로 즐기면 된다. 잠시라도 호흡을 천천히 하면서 여러분의 날개 달린 친구들과 즐겁게 어울려보자.

새들이 어떻게 노는지 지켜보는 것도 좋지만 일단 나중으로 미루고, 오늘은 우선 소리에 집중하자. 새들의 노랫소리와 지저귀는 소리에 한번 익숙해지고 나면 언제라도 필요할 때 다시 그 마법과 같은 세계로 돌아갈 수 있다. 새들과 더 많은 시간을 보낼수록 더욱 신비로운 느낌을 받게 될 것이다. 새들은 의미가 미묘하게 다른 표현들로 가득한 매우 놀라운 언어를 사용한다. 단지 우리가 잘 인식하지 못할 뿐이다.

새들은 자연의 아름다움을 보여주는 순수한 존재이며, 다른 야생동물과 다르게 언제나 우리와 일상을 함께 한다. 그리고 우리가 자연에 흠뻑 젖어 들고 싶을 때 언제든 그곳으로 이

끌어 주는 안내자이기도 하다.

자, 새들이 들려주는 아름다운 노랫소리에 흠뻑 빠져보자.

DAY

76

운전 시간 100퍼센트 활용하기

오늘은 운전하느라 빼앗기는 시간을 되찾아 보려고 한다.

운전하면서 엉덩이가 바닥에 눌린 상태로 구부정하게 앉아 있는 동안 신진대사율은 형편없는 수준까지 떨어진다. 이시간을 효율적으로 보내지 못하면 천천히 죽어가는 것이나 다름없다. 이제부터는 운전 중에도 시간을 알차게 보내는 방법을 찾아보자.

그동안 읽고 싶었던 책이 있거나, 들어보고 싶었던 강의가 있다면 오디오북이나 팟캐스트가 딱 맞다. 출퇴근하는 시간동안 무엇인가를 배워서 조금씩 더 똑똑해지고, 즐거움을 만끽하며, 세상 돌아가는 이야기를 접할 수 있다면 얼마나 보람찰지 한번 상상해보라. 특히 여러분이 먼 훗날 이루고 싶은 꿈과 관련한 콘텐츠를 들을 수도 있다. 만약 몸이 피곤한 상태라면 이것보다는 조용한 음악을 들으며 분위기를 차분히 가라앉혀보자.

운전하는 시간을 효과적으로 보낼 수 있는 또 다른 방법은 근육에 적당한 긴장감을 주는 것이다. 앉은 자세가 구부정해지지 않도록 하부 승모근*을 뒤로 젖히고 목은 바로 세우는 것도 필요하고, 두 손으로 운전대 아래쪽을 잡은 다음 양 팔꿈치를 등 뒤로 천천히 당기면서 'W' 자를 만드는 것도 도움이 된다. 배를 홀쭉하게 만든다는 기분으로 집어넣은 뒤 힘을 주면서 그 상태를 유지해보자. 요도, 질, 항문의 수축 운동을 담당하는 근육을 몇 초간 조였다가 푸는 케겔 운동Kegel exercise은 골반 근육을 강화하고 성 기능을 향상하는 데 매우 효과적이다.

오늘 이야기의 핵심은 차 안에서 보내는 시간을 결코 헛되이 흘려보내지 말라는 것이다. 이 시간을 소중히 여기겠다는 마음가짐으로 알차게 보내보자. 매일 조금씩 다르게 보내도 상관없다. 이 또한 여러분 인생의 일부인 만큼 하루하루를 어떻게 해야 가장 잘 보낼 수 있을지 고민해보자.

그럼 오늘은 운전 중에 무슨 일을 할 생각인가? 무엇을 해야 시간을 짜임새 있게 잘 보냈다고 만족할 수 있을까? 운전과 교통 체증은 우리가 어쩔 수 없이 받아들여야만 하는 현실이지만, 그렇다고 해서 그 시간을 아무런 의미 없이 보내지 않기를 바란다.

---

* 등 가운데에서 아래로 길게 뻗은 근육

DAY

77

오래 걷기

다이어트는 이제 거대한 사업시장을 이룰 정도로 많은 사람의
관심사가 되었다.

지방은 기본적으로 몸에 저장된 에너지로, 우리 몸은 칼로
리 투입량이 소모량보다 많을 때 만약의 사태에 대비해서 여
분의 에너지를 지방으로 변환하고 저장해둔다. 먹을 것이 귀했
던 옛날에는 언제까지 밥을 굶게 될지 알 수 없었기 때문이다.
물론 오늘날의 현대인들에게는 해당하지 않는 이야기다.

지방은 환경 독소 물질의 공격으로부터 우리 몸을 보호하
고 장기를 지방으로 둘러싸서 화학적 침입자들을 막아내며 중
요한 구실을 하지만, 내장 지방이 과도하게 쌓이면 혈당 수치
가 올라가고 신진대사율이 떨어지는 등 건강에 해로울 뿐 아
니라 외적인 자신감을 떨어뜨린다. 따라서 지방을 최소화할 필
요가 있다.

만약 어제 운동을 하지 못한 바람에 음식에서 얻은 에너지를 몸 밖으로 충분히 배출하지 못했다면, 오늘은 칼로리 섭취를 줄이고 더 많은 활동을 해야 밸런스를 유지할 수 있다. 다이어트의 가장 기본적인 원칙은 칼로리 섭취를 줄이고 몸을 더 많이 움직이는 것이다.

이를 위해 오늘 우리가 수련할 내용은 오래 걷기다. 한 시간 동안 경쾌하고 빠른 걸음으로 최대한 먼 곳까지 가보자. 여기서 핵심은 몸을 움직여서 신진대사를 활성화하는 것이다. 체력소모가 꽤 큰 운동을 긴 시간 동안 꾸준히 하다 보면 우리 몸에서 지방 연소 작용이 일어난다. 자연을 벗 삼아서 운동할 경우 더 큰 효과를 볼 수 있다.

몸무게를 재보고 어제 다 쓰지 못한 칼로리 양이 어느 정도인지 한번 헤아려보자. 만약 태워야 할 칼로리가 남아 있다면 오래 걷기를 통해 신진대사를 활성화하고 지방 연소율을 높이자.

DAY

78

나무와 어울리기

오늘의 수련을 위해서는 나무를 찾아봐야 한다. 주변에 있는 나무들을 둘러보고, 왠지 모르게 마음이 가는 나무 한 그루를 찾아서 함께 시간을 보내보자.

　나무는 장엄한 존재다. 뿌리를 땅속 깊은 곳까지 내리고 있으며 바로 그곳에서 생명의 마술이 펼쳐진다. 즉, 나무의 뿌리 혹*에서는 박테리아, 단세포 생물, 바이러스 등 다양한 형태의 생명체가 유기물을 무기물로 분해하여 식물의 성장에 필요한 영양분을 제공한다. 나무는 이 마법을 통해 이산화탄소를 우리가 마실 산소로 변환한다.

　나무에 감사하는 마음을 갖는 것이 바로 오늘 우리가 해야할 수련이다. 바쁘더라도 잠시나마 시간을 내서 눈을 감고 몇

● 세균이 침입해서 혹 모양으로 발달한 부위

초간 심호흡한 뒤 나무에 다가가서 몸통과 가지를 손으로 어루만져보자. 만지기 어려운 상황이라면 나무를 지긋이 바라보며 고마움을 표현해보자.

자, 이제는 여러분의 발밑에서 나무의 뿌리가 솟아오르는 모습을 상상해보자. 그리고 다시 숨을 내쉴 때는 발밑의 뿌리를 다시 몇 미터 아래 땅속으로 밀어 넣고, 들이쉴 때는 나무가 가지고 있는 에너지를 빨아들인다고 상상하자. 상상 속의 뿌리를 통해 숨을 쉬면서 나무와 호흡을 맞추고 이 상태를 1~2분 정도 유지해보자.

그다음에는 여러분의 뿌리가 나무의 뿌리와 한데 얽히고 설키는 모습을 상상해보자. 여러분의 키는 이제 조금 더 자랐고 발은 땅속에 더욱 깊이 뿌리내렸다. 몇 번 더 함께 호흡하면서 더 많은 에너지를 빨아들인 후 몸과 마음의 긴장을 풀고 온몸으로 나무를 느껴보자.

그런 뒤에는 몸을 움직이면서 나무뿌리와 얽힌 여러분의 뿌리가 풀려나오는 모습을 상상하자. 그리고 뿌리를 통해 땅속 에너지를 빨아들인다는 생각으로 몇 번 심호흡해보자. 이제 서서히 나무에서 손과 시선을 떼고, 발걸음을 옮기기 전에 나무에게 감사하는 마음을 가져보자. 여러분의 상상 속 뿌리는 계속해서 땅속에 묻어둔 채 오늘 하루 내내 땅의 기운을 느껴보자.

오늘의 경험을 바탕으로 앞으로는 다른 나무와도 어울려보자. 머지않아 여러분은 나무마다 서로 다른 에너지와 느낌이 있다는 사실을 깨닫게 될 것이다. 사는 곳 근처에 어떤 나무들이 있는지 살펴보고, 친구를 대하듯 함께 어울려보자.

DAY

79

버킷리스트 정리하기

오늘은 여러분이 세상을 떠나기 전에 반드시 한 번쯤 해봤으면 하는 것들을 정리해보자. 인생을 더욱 풍요롭게 하는 흥미로운 일에는 무엇이 있을까? 정리하는 데 시간이 조금 걸리더라도 마음을 차분히 가라앉히고 깊이 생각해보자.

구체적으로 떠오르는 생각들이 곧 정답이다. 예를 들어 파리에서 저녁 식사를 하거나, 마추픽추로 여행을 떠나거나, 아니면 아프리카에서 1년 동안 살아보거나 열기구 축제에 가보기를 원하는 사람도 있을 것이다. 여러분이 해보고 싶은 모든 것들을 떠올리고 그중에서 특히 중요한 것은 노트에 기록해보고, 무엇인가가 새롭게 떠오를 때마다 계속 추가하자. 어린 시절을 되돌아보는 것도 도움이 된다. 어린 시절에 여러분이 좋아했던 일도 생각해보고 마찬가지로 메모해두자. 어린 시절부터 꿈꿔왔지만 한 번도 해보지 못한 탓에 아직 마음 한구석에 아쉬움으로 남아 있는 일들도 발견하게 될지도 모른다. 모두 다 끄집어내자.

목록이 어느 정도 완성되면 이제는 이 모든 것을 해보는 데 어느 정도의 시간이 필요할지 가늠해보자. 목록의 오른쪽에 각 활동을 제대로 해보려면 대략 시간이 얼마나 필요할지 적어보자. 반드시 여러분이 직접 해본 뒤 만족하는 경우에만 '완료'라고 표시할 수 있다. 물론 하루나 반나절 정도면 충분한 일들도 있을 것이다.

이렇게 모든 항목에 대해 시간을 할당해보고 나서 전체를 다 해보는 데 어느 정도의 시간이 필요할지 합산해보자. 몇 달혹은 몇 년이 걸릴 수도 있지만, 그래도 상관없다. 자, 이제는 여러분의 나이와 건강 상태를 고려해서 앞으로 얼마나 더 살수 있을지 냉정하게 따져보자. 예를 들어 앞으로 20년 정도 더 활동할 수 있다고 가정하면, 20년 동안 목록에 있는 활동을 경험해 보려면 어떻게 계획을 세우는 것이 좋을지 한번 생각해보자. 체력 소모가 많은 일은 조금이라도 젊을 때 경험해봐야 하며, 어떤 일은 분기마다 하나씩, 또 먼 곳으로의 여행은 매년 한 번씩 떠나야 한다는 결론을 얻을 수도 있다. 물론 가고 싶은 곳이 많으면 한 달에 한 번꼴로 떠나야 할 수도 있다.

문제는 바로 이 지점에서 현실이 개입한다는 것이다. 많은 것을 해보려면 그만큼 상당한 시간과 돈이 필요하기 때문이다. 새로운 경험을 통해 영혼을 살찌우고 더 행복한 삶을 살 수 있다고 믿는다면, 여러분이 현재 어디에서 무엇을 하느라 시간과 돈을 쓰는지 자세히 살펴봐야 한다. 그리고 더욱 의미 있는 일을 하기 위해서 자원을 어떻게 재배치하는 것이 좋을지 잘 생각해봐야 한다.

물론 생각보다 쉽지는 않겠지만, 이렇게 하다 보면 여러분에게 진정 중요한 것이 무엇인지 깨달을 수 있다. 우리의 삶을 열정과 도전 정신, 성취감으로 가득 채우려면 시간과 돈이라는 자원을 어떻게 배분해야 할까?

현재 시간과 돈, 그리고 에너지가 어디로 흘러 들어가는지 확인하고, 진정으로 하고 싶은 일을 하기 위해서는 어떻게 해야 할지 곰곰이 생각해보자. 이런 과정을 통해 그동안 얼마나 많은 시간이 무의미하게 새나가고 있었으며, 앞으로 다시는 낭비해서는 안 될 소중한 자산이라는 사실을 분명히 깨닫게 될 것이다.

꿈을 이루는 데 집중적으로 시간을 투자하면 그만큼 더욱 만족스러운 삶을 누릴 수 있다.

DAY

80

내 몸 돌보기

우리는 수시로 긴장을 완화하고 체력을 재충전해야 한다. 하지만 많은 사람이 휴식을 일종의 낭비라고 여기고, 온종일 많은 일을 하며 분주하게 보내곤 한다. 그리고 육체·정신 피로가 엄청나게 쌓일 때까지 방치하는 경우가 많다. 피로는 그때그때 풀어야 하며, 이미 병을 얻은 후에는 손을 쓰려 해봤자 아무 소용이 없다. 우리는 우리 몸의 회복 능력만 믿고 휴식을 취하는 데 충분한 시간을 할애하지 않는다.

오늘은 반드시 시간을 내서 몸 건강에 관심을 기울여보자. 우선 조용하고 그 누구의 방해도 받지 않는 곳으로 가서 공기를 아랫배까지 채운다는 생각으로 천천히 심호흡하면서 긴장을 푼 뒤, 우리 몸이 무엇을 원하는지 귀 기울여보자.

이 과정에서 목과 어깨가 결리고, 운동 중에 다쳤던 부분이 욱신거리며, 어쩌면 꽉 죄는 벨트와 신발 때문에 온몸 이곳저곳이 아픈 것처럼 느껴질 수도 있다. 혹은 너무 피곤한 나머지 뼈마디가 쑤시는 것 같은 느낌이 들 수도 있다. 이는 많은 사람이 흔하게 경험하는 증상이기도 하다.

그렇다면 육체 피로를 조금이나마 덜어내려면 어떻게 해야 할까?

이제 5~15분 정도(필요하다면 조금 더 오랫동안) 할애해서 몸이 원하는 것이라면 무엇이든 해보자. 예를 들어 허리가 뻐근하다면 바닥에 엎드린 상태에서 몸을 쭉 펴는 운동을 하거나 요가를 하는 등 허리에 도움이 될법한 운동을 하면 된다. 물론 이렇게 한다고 해서 통증이 완전히 가시는 것은 아니지만, 자신을 아끼고 돌보는 습관을 기르기 위한 첫걸음을 뗐다는 데 의미가 있다. 자신의 몸 상태가 어떤지 스스로 진단해보고, 필요하면 전문가의 도움을 받아 해결해 나가면 된다.

목 부위가 뻐근하다면 가볍게 스트레칭하거나, 승모근 부위를 찜질하거나, 자세가 올바른지를 확인해야 한다. 자세에 문제가 있는지 알고 싶다면 벽을 등지고 선 다음 머리를 벽에 얼마나 편안하게 댈 수 있는지 확인해보자. 머리가 벽에 잘 닿지 않으면 책상에 앉을 때나 운전할 때 바른 자세를 유지하려고 노력해야 한다.

여기서 핵심은 필요할 때 바로 적용해볼 수 있는 대응 요령을 익히고, 혼자 힘으로 해결하기 어렵다면 즉시 전문가의 도움을 받아야 한다는 것이다.

현대인들은 자신을 돌보는 데 인색하다. 자신을 온종일 채

찍질하는 것에 대해 전혀 이상하게 여기지 않으며 문제가 생기면 병원에 가서 금방 치료받으면 그만이라고 생각한다. 절대 정상적인 삶이 아니지만, 안타깝게도 정도의 차이만 있을 뿐 거의 모든 사람이 그렇게 살아간다. 하지만 오늘만큼은 자신을 챙기는 하루를 보내자.

오늘은 남은 인생의 첫 번째 날이다. 여러분이 해야 할 일은 몸이 무엇을 원하는지 묻고 원하는 대로 해주는 것이다. 바쁘더라도 잠시 하던 일을 멈추고 몸이 어떤 상태인지 파악하는 습관을 기른다면, 앞으로 더 나은 삶을 누리는 데 큰 도움이 될 것이다.

여러분의 몸은 휴식을 원한다. 오늘은 몸이 원하는 대로 해주면 결국 어떤 변화가 찾아오는지 지켜보자.

좋은 일은 오직 자기 몸을 소중히 여길 줄 아는 사람에게만 찾아온다. 이를 꼭 명심하자.

DAY

81

침묵하기

오늘은 꽤 재밌는 날이 될 것 같다.

온종일 침묵을 지키는 연습을 해볼 것이다. 침묵은 건강에 큰 도움이 되는데, 그 까닭은 무엇일까? 우리는 보통 불필요한 말들을 온종일 쏟아내느라 기운을 빼곤 한다. 그런데, 침묵을 지키면 그만큼 에너지 소모를 줄일 수 있다.

오늘은 말수를 줄이자. 가장 좋은 방법은 사람들과 적당한 거리를 두거나 아예 피하는 것인데, 물론 현실적으로 불가능하므로 침묵을 지키기로 했다고 주변 사람에게 미리 알려주어 무슨 안 좋은 일이라도 있냐고 묻지 않게끔 하자. 될 수 있으면 말을 아껴야겠다고 굳게 마음먹고 꼭 필요할 때만 몇 마디를 꺼내자. 업무 관련 전화가 걸려온다면 당연히 받아야겠지만, 여러분이 몇 마디나 말하는지 신경 쓰면서 통화하고 다른 일을 할 때도 꼭 필요한 상황에만 말하는 원칙을 지키도록 하

자. 입을 열기 전에 무슨 말을 할지 충분히 생각하고 불필요한 말은 덜어내며 명확히 포인트만 꼭 짚어서 이야기하자. 그렇다고 해서 퉁명스럽거나 건조한 말투로 말할 것까지는 없다. 예를 들어 '안녕하세요'라는 짧은 인사 한 마디만 가지고도 다양한 방법으로 감정을 표현할 수 있는데, 이처럼 같은 말을 하더라도 상대방을 사랑하는 마음과 맡은 일에 대한 열정을 충분히 담아내야 한다. 중요한 것은 말의 길이가 아니라 단어 하나에도 힘을 실어 내뱉는 일이다. 즉 의미 없는 말을 잔뜩 늘어놓는 것보다는 몇 마디라도 진정성 있게 이야기하는 것이 더 낫다. 그리고 빈말을 하기보다는 따뜻한 눈빛과 기분 좋은 미소를 보내는 것이 좋은 관계를 형성하고 유지하는 데 훨씬 더 효과적이다.

침묵을 지키면서 호흡을 아끼고 아랫배 깊은 곳에서 순환시켜보자. 그리고 지금까지 불필요한 말을 하느라 얼마나 많은 에너지를 낭비해왔는지 한번 돌아보자. 자꾸 불필요한 말을 하는 이유는 침묵하는 상황이 어색하거나 불안하게 느껴져서 무슨 말로든 정적을 깨려 하는 습관 때문인 경우가 많다.

오늘 우리가 침묵하려는 이유는 잠시나마 바쁜 일상에서 벗어나 고요함 속에서 마음의 여유를 찾는 방법을 익히려는 데 있다. 따라서 침묵을 편안하게 받아들이려고 노력해보자. 한편 침묵을 유지하는 사이에는 머릿속에 그동안 잊고 살았던 온갖 걱정거리가 떠오를 수도 있다. 머릿속에 무엇인가가 떠오르거든 종이에 적은 뒤 걱정하게 된 원인이 무엇인지 한번 짚어보자.

더 많은 시간과 에너지를 확보하고 싶다면 걱정 혹은 불안한 감정을 수면 위로 끌어올려 정면으로 마주하고 원인과 해결 방안을 적극적으로 모색해야 한다. 그저 하루하루를 정신없이 살면서 자신을 돌아보지 않는다면 걱정거리가 우리의 무의식 어딘가에 숨어서 에너지를 몽땅 갉아먹고 말 것이다.

어느 정도 익숙해져서 더는 침묵을 어색해하지 않고 내면의 세계에 침잠할 수 있게 되면, 앞으로도 남들에게 방해받지 않을 만한 하루를 선택해서 침묵의 날로 삼아보자. 주변 사람들에게도 오늘은 아무 말도 하지 않는 날이라고 미리 이야기해두고 누군가가 말을 걸더라도 오늘은 말하지 않기로 했다고 노트나 휴대폰 메모장에 적어서 보여준 뒤 미소 띤 얼굴로 침묵을 유지하자. 가장 이상적인 것은 아예 격리된 공간을 두어서 남들에게 그 어떤 방해도 받지 않는 것이다.

침묵을 오랜 시간 유지할수록 마음속의 혼돈을 잠재우고 안정을 찾을 수 있다. 물론 처음에는 익숙지 않겠지만, 조금 시간이 지나면 한결 편해지고 침묵의 가치를 느끼게 될 것이다.

이제 침묵을 한껏 즐겨보자.

DAY

82

휴가 제대로 즐기기

우리는 매일 시간을 다른 것과 맞바꾼다. 돈, 인간관계, 좋아하는 일, 그리고 미래에 누릴 즐거움(휴가 또는 퇴직 후의 삶)을 얻기 위해 귀중한 시간을 내놓는다. 근사한 해변에서 일광욕을 즐기기 위해 종일 책상 앞에서 업무와 씨름하며, 휴가 때 마음놓고 푹 쉴 수 있도록 오늘 주어진 시간을 기꺼이 투자한다. 원하는 것을 얻을 수 있다면 당장 주어진 시간을 희생해야 한다.

그런데 우리는 휴가를 떠나면 무리하게 관광지 이곳저곳을 돌아다니거나 친구가 요청한 물건을 사느라 동분서주하며 아까운 시간을 다 써버리곤 한다. 이는 많은 사람이 흔히 경험하는 일이며 휴가의 원래 목적이 지친 몸과 마음을 치유하는 것이었다면 더욱 문제가 된다. 정신없는 일상에서 잠시나마 탈출해보려고 수많은 시간을 일하는 데 바쳤는데, 결국 허무하게 무위로 돌아가고 만 것이다.

휴가를 다녀온 직후에는 나름대로 잘 쉬었다고 애써 자신을 위로할 수도 있지만, 이 휴가가 앞으로 몇 달 동안 여러분의 컨디션에 어떤 여파를 미치게 될지 한번 생각해봐야 한다. 여행을 가기 전보다 오히려 몸이 쳐지고 일에 대한 열정이 식어버린 상태가 될 수도 있기 때문이다. 쉬는 동안 몸을 제대로 추스르지 못하면 업무에 복귀한 후에는 극도의 피로감에 시달릴 수밖에 없다.

무슨 일을 하든 어떻게 해야 투입한 시간 대비 가치를 극대화할 수 있을지 생각해보자. 간단히 표현하면 아래와 같다.

> 좋은 사례: 시간 투입량 〈 가치 산출량
>
> 나쁜 사례: 시간 투입량 〉 가치 산출량

시간 투입량에 비교해 더 많은 양의 가치를 끌어낼 줄 안다면, 더 큰 즐거움을 얻기 위해 눈앞의 유희를 포기하는 과정을 편안하게 받아들일 수 있다. 마찬가지로 많은 시간을 희생해서 얻어낸 휴가를 휴가답게 보낼 줄 알아야 일상으로 복귀한 후에 더욱 활력 있는 삶을 누릴 수 있다.

시간 투입량과 가치 산출량을 비교하는 습관을 갖는 것은 삶에 다시금 열정을 불어넣기 위해 꼭 필요한 일이다. 오늘 하루 여러분이 시간을 얼마나 효과적으로 투입하는지 잘 살펴보고 잘못된 습관이 눈에 띄면 바로 잡아보자.

DAY

83

달빛 아래 세상 바라보기

가던 길을 잠시 멈춰 서서 달의 모습을 살펴본 것이 마지막으로 언제인가? 어떤 모양이었고, 달을 볼 때 어떤 느낌이 들었는지 기억하는가? 우리는 밤하늘을 바라볼 때면 보통 깊은 감상에 빠지곤 한다. 살아온 길을 돌아볼 때도 있고, 살아있음에 감사함을 느끼거나 달의 아름다운 모습을 보고 경탄하기도 한다.

　달은 지구에서 약 40만 킬로미터나 되는 먼 곳에 떠 있는 바윗덩어리지만, 맨눈으로도 또렷하게 볼 수 있다. 한번 이렇게 생각해 보는 것은 어떨까? 달은 여러분이 하늘을 올려다보면 따뜻한 미소로 화답해주려고 늘 같은 곳에 머물러 있다고 말이다.

　별들은 스스로 빛을 내고 달은 그 빛을 반사한다. 따라서 우리가 보는 달빛은 사실 달의 표면에 도달했다가 튕겨 나온 햇볕이다.

여러분은 오늘도 달을 보지 못했을 것이다. 보통은 간혹 길을 걷다가 언뜻 보기는 해도 일부러 시간을 내서 보지는 않는다. 조금 우스꽝스럽고 어색하게 느껴지기 때문이다.

오늘 여러분이 수련해야 할 내용은 달을 적어도 10분 동안 바라보는 것이다. 오늘 달이 언제 뜨고 질지 확인하고 초승달이 뜨는 날이라면 어느 방향에 뜨는지도 미리 확인해두자. 그리고 달빛을 받은 사물(산과 바위처럼 자연 일부이면 더 좋다)의 모습도 살펴보자. 이 빛을 받은 사물은 어떤 모습인가? 여러분이 알고 있던 것과는 사뭇 다른 느낌인가? 아마도 평소보다는 훨씬 부드럽고 평온하게 보일 것이다.

달과 달빛이 비치는 사물을 바라보는 순간에는 시간은 천천히 흐르는 것처럼 느껴지고 한껏 들떠 있던 우리의 몸과 마음이 차분하게 가라앉을 것이다. 해가 떠 있을 때 열심히 활동하고 달이 주변을 희미하게 비출 때는 휴식을 취하는 삶으로 돌아가보자. 오늘은 항상 같은 자리에서 여러분을 기다려주었던 사랑스러운 벗과 다시금 만나는 날이다.

DAY

84

동물의 흔적 찾아보기

옛사람들은 동물들이 남긴 자취에서 많은 정보를 얻었다. 동물의 자취는 주로 땅에 찍힌 발자국으로 확인할 수 있는데, 이를 통해 동물들이 대강 언제쯤 어느 방향으로 걸어갔는지를 알 수 있을 뿐 아니라 당시의 날씨가 어땠는지도 추정해볼 수 있다.

우리는 자연에서 수많은 시간의 흔적을 발견할 수 있다. 오늘 우리가 해야 할 수련은 길을 걸으며 동물의 자취를 발견하고 기록하는 것이다. 열심히 찾아보면 얼마든지 발견할 수 있다. 길 가장자리에서 찾아보거나, 도시에 산다면 공원에 가서 살펴봐도 괜찮다.

오늘의 수련을 하려면 일단 주변 환경을 주의 깊게 살펴보는 일부터 시작해야 한다. 흔적을 발견한 다음에는 그 흔적을 남긴 동물을 한번 추측해보고 스마트폰으로 이미지를 검색해서 여러분이 추측한 게 맞는지 확인해보자. 어떤가? 추측한 대로인가? 틀렸다면 여러분이 사는 지역에 서식하는 동물이 무엇인지 찾아보고 녀석들이 남긴 흔적들을 찾아 나서자.

태어나서 처음 해보는 행동일 수도 있는데, 만일 그렇다면 더 잘된 일이다. 오랫동안 간과해온 발밑의 진짜 세계와 직접 만날 좋은 기회이기 때문이다.

오늘은 동물의 발자국과 같은 진짜 현실과 마주해보자. 오늘날 우리는 주변 상황을 거의 의식하지 않고 살아가며, 이 때문에 눈앞에서 벌어지고 있는 일에 제대로 집중하지 못한다.

오늘의 수련을 통해 여러분이 해야 할 일은 '되돌아보는 것'이다. 이미 어떤 일이 벌어졌고, 지금 여러분은 그 흔적을 보고 있다. 단순히 고양이가 이리저리 돌아다니다 남긴 발자국에 불과할 수도 있지만 이를 통해 자연의 아름다움을 한껏 느껴보자. 우리는 오로지 자신의 잇속만 차리느라 주변의 동식물들이 어떻게 살아가고 있는지는 안중에도 없다. 그러니 지구 온난화와 같은 환경 문제를 겪을 수밖에 없다. 우리가 주변에 사는 생명에게 조금이라도 감사하는 마음을 가졌더라면 매일 쏟아지는 엄청난 양의 폐기물에 조금이라도 책임을 느꼈을 것이다.

오늘은 몸과 마음을 차분히 가라앉히고 동물들의 흔적을 찾아보자. 그리고 마치 게임을 하듯이 발자국의 주인공이 어떤 녀석일지 추측하고 확인하면서 즐겁게 시간을 보내보자. 마음을 열고 주변 환경을 살피다 보면 당분간 여러 동물의 흔적들을 발견할 수 있을 것이다. 그 과정에서 소소한 행복을 느껴보자.

되돌아보기

밤중에 자꾸 보채는 아기 때문이든, 따라가기에 벅찬 대학원 수업 때문이든 불면증 때문에 밤새워 뒤척이느라 선잠을 자던 시절을 겪어봤을 것이다. 물론 정신없이 살다 보면 제대로 잠을 이루지 못하는 경우도 있기 마련이다. 하지만 불면증에 시달리다 보면 쉽게 지치고 우울, 무기력해지며 그 어떤 것에도 제대로 집중하지 못하게 된다. 그리고 너무 오랫동안 이런 상태가 지속하면 사회생활, 관계, 건강, 감정, 혹은 이 모든 것에 부정적인 영향을 미칠 수 있다.

불면증을 이겨낼 방법으로는 여러 가지가 있다. 불면증이 가장 심했을 때(어쩌면 지금도 마찬가지일 수 있다) 어떤 방법으로 대처했는지 생각해보자. 낮에 졸지 않으려고 많은 양의 카페인 음료를 들이켰는가? 아니면 밤에 푹 자려고 수면제를 먹거나 운동을 열심히 했는가? 그때의 기억을 되살려 당시에 정신적으로 어떤 상태였는지 기억해보고, 무엇이 불면증의 원인으로 작용했는지 한번 생각해보자. 잠을 이루기 힘들게 할 만한 어떤 행동을 했거나 삶에 중대한 변화가 찾아오지는 않았었는가? 일이나 인간관계 때문에 받았던 스트레스 때문은 아니었을까?

불면증은 우리를 온통 어지럽게 만든다. 몸에서 에너지가 빠져나가고 정신이 흐릿해지면서 점점 희망을 잃기 시작한다. 힘든 상황을 경험할 때면 마치 그런 고통이 영원히 끝나지 않을 것 같은 기분이 든다. 이 시간을 견뎌내려면 정신적으로 어떤 상태여야 했을까? 시간이 빨리 혹은 천천히 흘렀으면 했는가?

오늘 해야 할 수련은 불면증에 시달리거나 선잠을 잘 수밖에 없었던 때 정신 상태가 어땠는지 정확하게 떠올려보는 것이다. 잠을 거의 못 자서 폭발하기 일보 직전이었을 때 여러분의 시간은 어떻게 흘렀는가? 아니면 시간에 대한 감각을 잃어버릴 정도로 괴로웠을 수도 있다. 누구나 그런 시기를 경험하는 법이다.

이제 진정한 교훈을 얻을 수 있다. 지금 아는 것을 그때도 알았더라면 여러분의 행동은 어떻게 달라졌을 것이며, 앞으로 또다시 불면증을 경험하게 된다면 어떻게 대처해야 할까? 여러분은 예전보다 더 지혜로우며 지난날에 대해 반성하는 과정에서 깨달음도 얻었다. 잠이 부족해서 고통받던 시절에 여러분이 어떤 행동을 했었는지 곰곰이 생각해보고 그중에서 잘못했다고 판단되는 행동은 무엇인지 떠올려보자. 이미 지난 일을 되돌릴 수는 없지만, 지금부터라도 수면 위생*에 대해 잘 이해하고 차근차근 실천해나가자. 어떻게 해야 더 많이 잘 수 있고, 이를 통해 정상적인 일상으로 돌아갈 수 있을까?

시간에 쫓겨 오로지 앞만 보고 살아가기보다는 과거를 틈틈이 돌아보며 교훈을 얻어야 미래에 또다시 힘든 상황에 직면하더라도 슬기롭게 헤쳐 나갈 수 있다.

오늘은 잠시 시간을 내서 이 주제에 대해 한번 생각해보고 머리에 떠오르는 것들을 노트에 적어보자. 이렇게 해야 앞으로 또다시 스트레스를 받게 됐을 때 어떻게 대처해야 할지 잘 판단할 수 있다. 압박을 받는 상황에서 자신이 어떻게 반응하는지 잘 알고 있을수록 또다시 힘든 일을 겪더라도 정신적으로 흔들리거나 휩쓸려버리지 않을 것이다. 다시 어려움이 닥쳐오더라도, 과거에 겪었던 비슷한 경험을 되돌아보면 그로부터 교훈을 얻을 수 있다.

어떻게 해야 예전보다 더 나은 결정을 내릴 수 있을지 대답할 수 있는 사람은 오직 여러분 자신밖에 없다. 그리고 과거를 돌아보고 교훈을 얻어야만 비로소 제대로 답할 수 있다.

● 잠을 잘 자기 위한 기본 원칙

DAY

86

책 읽기

오늘은 잠시 시간을 내서 독서가 우리에게 어떤 도움이 되는지 한번 생각해보자. 책이란 지구상의 누군가가 여러분을 위해 길고 긴 내용을 요약한 뒤 이해하기 쉽게 한데 엮은 것이다. 따라서 책을 읽는 것만으로도 다른 사람이 오랫동안 축적한 인생 경험을 아주 쉽게 여러분의 것으로 만들 수 있다.

내가 아는 성공한 사람들은 모두 독서광이다. 그들은 항상 무엇인가를 배우려고 하며 짧은 시간 내에 원하는 것을 더 많이 얻기 위해 속독법을 익히는 경우가 많다.

오늘은 여러분이 읽고 싶었던 책을 한 권 골라 최소한 30페이지 이상 읽어보자. 책을 통해 무엇인가를 배우는 과정 자체를 편안하게 받아들이자. 소설이든, 역사서든, 자기계발서든 상관없다. 어떤 책이든 마음이 끌리는 책을 읽으면서 독서습관을 가질 수 있도록 노력해보자. 시간을 내서 꾸준히 책을 읽다

보면 삶의 목표와 방향성이 점차 뚜렷해지고 있음을 깨닫게 될 것이다. 더 많이 읽을수록 더욱 풍요로운 인생을 누릴 수 있다.

책을 읽는 것만큼 시간을 유익하게 보내는 방법도 없다.

DAY

87

습관적으로 군것질하지 않기

간식 섭취는 혈당을 유지하고 두뇌에 에너지를 공급하는 데 큰 도움이 된다. 때문에 식사 시간 사이나 계속해서 집중력을 발휘해야 할 때 먹으면 좋다. 오늘은 우리의 간식 섭취 습관은 어떠하며, 또 고쳐야 할 점은 없는지 살펴보자.

책상 위나 자동차 안에 무엇인가 먹을거리가 있으면 우리도 모르게 보이는 대로 다 먹어버리기 쉽다. 뭔가 다른 일에 정신이 팔린 동안 얼마나 자주 습관적으로 군것질을 하는지 생각해보자. 이런 습관이 이미 몸에 배었다면 먹을 것만 보면 반사작용처럼 손을 대기 때문에 하루에 얼마나 먹어치우는지조차 알지 못할 수도 있다.

모든 행동에는 모두 그럴 만한 이유가 있기 마련이지만, 무의식적인 행동은 그렇지 않다. 간식에 수시로 손을 대는 까닭은 출출해서가 아니다. 단지 우리도 모르는 사이에 음식을 입에 털어 넣는 습관이 발동할 뿐이다.

오늘은 이런 잘못된 습관을 깨려고 노력해보자. 사무실에서든 영화관에서든 그 밖의 어느 곳에서든 계속해서 간식을 먹게 된다면 지금 자신이 무엇을 입에 넣고 있는지 스스로 물어보자. 물론 순간적으로 일어나는 일이라 쉽지는 않겠지만 그래도 여러분이 손에 무엇을 들고 있는지 자세히 들여다보자.

그다음으로 해야 할 것은 음식의 상태를 조금 더 자세히 살펴보는 일이다. 어떤 일에 몰입한 상태에서 군것질하다 보면 음식의 맛과 향, 그리고 식감과 성분에 대해 의식하지 않는다. 음식을 먹는 까닭은 결국 우리 몸에 영양을 공급하기 위함이므로 입에 들어가는 음식이 무엇인지 당연히 알아야 한다. 어떤 성분이 들어가는지 정확히 파악한 후 건강에 도움이 될만한 음식이 아니라고 판단되면 더는 손대지 말자.

음식의 질뿐만 아니라 양에 대해서도 생각해봐야 한다. TV를 보면서 아무 생각 없이 감자 칩 한 봉지나 아이스크림 한 통을 뚝딱 해치우기는 쉽다. 물론 유기농 과자나 설탕이 첨가되지 않은 음식이라면 좀 낫지만, 운동은 거의 하지 않으면서 너무 많은 칼로리를 섭취하면 건강을 유지하는 데 도움이 될 리 없다. 봉지째 들고 먹지 말고 조금씩 덜어서 먹어보면 어떨까? 덜어 먹을 그릇을 준비하거나 조금만 남겨놓고 나머지는 보이지 않는 곳에 치워놓는 것도 좋은 방법이다.

마지막으로는 음식을 꼭꼭 씹어 먹는지, 그리고 음식을 먹을 수 있음에 감사하는 마음으로 천천히 음미하는지를 스스로 확인해봐야 한다. 먹는 동안 정신이 다른 데 팔렸으면 음식물을 제대로 씹지도 않고 꿀꺽꿀꺽 삼키기 바쁜데, 이런 습관을 고치지 않으면 자칫 건강을 해칠 수도 있다. 씹는 행위는 음식을 잘 소화하기 위해 중요한 첫 번째 단계다. 다른 일은 잠시 덮어두고 휴식을 취하듯 음식을 천천히 즐기다 보면 우리 몸이 음식에 대해 상당히 많은 신호를 보내고 있음을 알게 된다. 즉 예전보다 훨씬 일찍 포만감을 느끼거나 싫증날 수도 있고 턱이 아플 수도 있다.

오늘은 간식을 먹을 때마다 질과 양 그리고 섭취 습관에 주의를 기울이자. 아몬드 한 줌을 먹더라도 몇 분간 천천히 씹으면서 풍미를 느껴보자. 이렇게 하면 포만감을 금방 느낄 수 있고(따라서 평소보다 덜 먹게 되고) 음식에 들어 있는 영양소를 충분히 흡수할 수 있다. 무슨 음식을 얼마나 먹는 것이 좋을지 늘 관심을 두고, 음미하면서 천천히 씹어 먹는다면 여러분의 삶이 얼마나 더 건강해질지 한번 상상해보자.

DAY

88

이웃과 함께하기

우리는 이웃을 만나면 대부분 짧게 안부 인사만 건네고 황급히 바쁜 일상으로 돌아가기 일쑤다. 아주 짧게 손짓하거나 미소를 보이고는 언제 그랬냐는 듯 하던 일에 다시 몰입한다.

예전에는 이렇지 않았다. 사람들은 주변에 누가 사는지 잘 알고 서로를 챙겼다. 집을 비운 사이 도둑이라도 들지는 않을지 살펴봐 주었고, 아이들과 강아지를 돌봐 주었으며, 우편물도 보관해 주었다. 우리 또한 그에 상응하는 호의를 베풀었다. 이처럼 이웃 간에 서로 도우며 공동체 생활을 꾸렸지만, 요즘 이런 생활을 하는 사람은 거의 없다.

오늘은 이웃과 끊겼던 교류를 되살리려고 노력해보자. 물론 그들 역시 바쁘게 살아가고 또 여러분이 그동안 그들을 외면하다시피 했다면 갑자기 친해지기란 쉽지 않을 것이다. 그러나 최대한 노력해보자. 상대방을 20분 넘게 붙들어 놓을 것까지는 없고, 아주 잠시라도 열과 성을 다해서 그들과 어울리면 된다.

처음에는 어떻게 접근해야 할까? 일단 눈을 맞추고 마음을 담아 인사를 건네자. 안부를 물으며 만나서 반갑다고 이야기하면 된다. 상대방이 마침 바쁜 상황일 수도 있으니 잘 받아주지 않더라도 괘념치 말자. 열정을 가지고 여러분 자신을 표현하며 편안하게 대하면 된다.

주말에 가족과 함께 차 마시러 오라고 제안하는 것도 좋고, 함께 산책하거나 영화를 보거나 저녁 식사를 하자고 이야기해도 좋다.

이웃과 한데 어울리면서 이리저리 끌려다니는 노예 같은 삶에서 잠시나마 벗어나 보는 것이 이번 수련의 핵심이다. 다른 일은 일단 제쳐두고 이웃에게 진정성 있는 모습을 보여주자. 이렇게 하는 것만으로도 향후 더욱 의미 있는 만남을 위한 기틀을 마련할 수 있고, 어쩌면 상대방이 훗날 더 크고 밝은 미소로 화답해줄지도 모른다.

우리는 가장 가까이에 있는 사람들을 종종 무시하거나 당연하게 여기곤 한다. 오늘은 달라져보자. 같은 지역에 어떤 사람들이 사는지 확인하고 그들과 어떻게 어울리면 좋을지 생각해보자. 여러분은 그들에게 좋은 이웃인가? 그러고는 싶지만, 너무 바빠서 소홀히 대할 수밖에 없는가? 요즘 세상에 바쁜 것은 죄가 아니지만, 여유를 찾게 되면 이웃들에게 따뜻한 미소와 인사를 건네며 다가가보자. 이웃과 벌어진 틈을 메우고 그들과 지금, 이곳에서 함께 시간을 보낼 수 있도록 매개체 역할을 할 사람은 바로 여러분이다.

이웃에게 무슨 이야기를 해야 할지 모르겠다면 함께 있는 곳의 자연환경을 소재로 삼아보자. 예를 들어 "나뭇잎이 참 예쁘네요", "해가 지는 모습이 참 아름답군요", "바람결이 참 상쾌하군요", "저 새들 좀 보세요"라고 말을 건네는 것은 어떨까? 자연 풍경을 소재로 하면 과거나 미래가 아닌 지금, 여기에 충실한 대화를 나눌 수 있다. 이처럼 이웃과 함께 시간을 보내면 혼자서 온통 일에만 몰입할 때보다 더 알차고 윤택한 삶을 누릴 수 있다. 대화를 나누고 있다가도 바쁜 일이 생기면 언제든 평소의 삶으로 돌아가면 된다.

일상에서 벗어나 이웃에 사는 사람들과 잠시라도 즐겁게 지내보자. 익숙해지면 점점 함께 보내는 시간이 늘어나고, 언젠가는 사랑스러운 사람들과 탄탄한 인간관계를 구축했다는 데 뿌듯함을 느끼게 될 것이다. 이는 어디까지나 우리가 앞으로 어떻게 하느냐에 달렸다.

DAY

89

완벽한 휴식을 꿈꾸기

여러분은 지금까지 완벽한 휴식을 경험해본 적 있는가? 완벽한 휴식이란 그 어떤 불안도, 두려움도, 걱정도, 시간 압박도 없이 휴식을 취하는 것을 의미한다. 늘 이유 없이 밀려오는 불안감 때문에 안절부절못하는 사람도 있다. 어린 시절에 불행한 일을 겪었거나, 큰일을 경험했거나, 성격이 모난 사람을 가족으로 뒀기 때문일 수도 있다. 휴식을 방해하는 요인들은 엄청나게 많고, 이로 인해 우리는 우리가 가진 잠재력을 충분히 발휘하지 못하고 있다.

자기 자신을 발견하려면 우선 몸과 마음이 편안해야 하지만, 무엇인가 신경 쓰이는 것은 늘 있기 마련이다. 어깨나 턱 근육이 욱신거리거나 목덜미가 뻐근할 수도 있고 가슴 쪽이 답답하기 때문일 수도 있다.

여러분은 어떤가? 그리고 어딘가 불편하면 잠시 하던 일을 멈추고 구체적인 증상과 원인이 무엇인지 관심을 두고 생각해본 적 있는가? 이것이 바로 오늘 우리가 해야 할 수련이다.

자꾸만 신경 쓰이는 부위에 관심을 가져보자. 바닥에 누워서 심호흡한 뒤 아랫배로 숨을 천천히 불어넣어서 풍선처럼 부풀려보자. 그러고 나서 머리끝부터 발끝까지 몸 전체에 쌓인 긴장을 서서히 풀고 몇 분 동안 나른한 기분을 느껴보자.

여기까지 했으면 이제는 몸의 구석구석을 살피며 불편한 부분을 찾아보자. 그런 뒤에는 불편한 부분을 풀어주려고 인위적으로 '무엇인가를 하기'보다는 다른 방식으로 대처해보자. 예를 들어 뻐근한 부분이 어딘지 확인되면 그곳에 숨을 불어넣는다고 상상한 뒤 금방 나아지지 않는다면 그 이유가 무엇인지 스스로 물어보자. 아픈 부위에 숨을 불어넣고 질문을 던지라고 하니 제정신이 아닌 것처럼 보이겠지만, 이곳저곳이 욱신거리는데도 아무 일 없다는 듯 방치하는 것보다는 낫다.

왜 몸이 뻐근하고 마음에 무엇인가가 자꾸 걸리는지를 몸에게 물어보자. 그리고 숨을 불어넣으면서 기억을 더듬어보자. 생각해보니 그 부위를 다친 적이 있는가? 아니면 어린 시절에 경험한 고통이 불현듯 떠올랐는가?

계속 물어보고 답을 들을 때까지 인내심을 가지고 기다려보자. 말로 표현하기는 어렵겠지만 천천히 심호흡하면서 몸이 직접 메시지를 전달할 수 있도록 가만히 귀를 기울여보자. 의미 있고 신뢰할 수 있는 메시지가 되기까지는 어느 정도 시간이 걸릴 수도 있다. 어떤 기분이 드는지 계속 감지하고, 불편함의 이면에 존재하는 여유로움을 찾아보자.

우리는 그동안 육체적으로 혹은 정신적으로 불편한 부분이 있어도 거의 무시하다시피 했다. 불편한 감정을 외면하는 것은 전혀 우리에게 도움이 되지 않는다. 그러니 이제라도 관심을 가져야 한다.

불편함이 느껴지는 곳으로 숨을 불어넣고 몸과 마음의 긴장을 누그러뜨리자. 이때 느껴지는 그 어떠한 느낌, 감정, 그리고 생각은 모두 기나긴 시간 동안 우리 몸 어딘가에 잠복한 것들이다. 이제는 모두 다 드러내자. 계속해서 숨기거나 억누를 이유가 전혀 없다.

몸과 마음의 어딘가가 불편하다는 것을 인정하고 받아들일수록 완벽에 가까운 휴식을 취할 수 있다. 그리고 불편한 감정에 귀를 기울일수록 더욱 능숙하게 시간을 멈출 수 있다. 우리를 괴롭히는 모든 생각과 감정을 몸 밖으로 완전히 내보내야만 비로소 무한한 에너지를 공급해주는 영원의 시간으로 진입할 수 있다.

과거에 경험한 상처를 너무 오래 끌고 가지 말자. 굴레에서 벗어나 완전한 휴식을 취할 수 있도록, 피하거나 외면하지 말고 정면으로 마주하며 해결 방법을 찾아보자.

DAY

90

자신의 내면을 들여다보기

내가 말하는 도교 연금술의 핵심은 의식의 불을 밝혀 진정한 자신을 발견하는 방법을 몸소 익히는 데 있다. 이는 시간을 멈추는 기술을 여러분의 것으로 만들기 위한 궁극적인 수련법이다. 진정한 자신은 특정 시간에만 잠시 머무는 게 아니라 영원히 그리고 어느 곳에나 존재한다. 이것이 바로 도교 연금술의 가장 위대한 비밀이다. 단순히 다른 사람의 설명을 듣는 것만으로는 충분히 공감할 수 없고 여러분이 직접 경험해봐야 한다. 안타깝게도 오늘날 수많은 사람이 영적인 영역에서마저도 소비 지상주의에 젖어 있다. 그들에게 자기 자신을 스스로 발견해 보라고 조언하면 "알았어요, 알았다니까요. 지금까지 귀에 못이 박이게 들은 얘기라고요. 그런 것 말고 뭔가 좀 새로운 것은 없나요?"라면서 못마땅하다는 듯 반응한다. 영적 훈련 방법에 대해서 피상적으로만 이해하거나 논리적 잣대를 들이대며 허점 찾기에 몰두하는 사람은 자만과 영적 교만에 빠지기 쉽다. 이는 뉴에이지 사상*이 변질됐을 때 나타나는 모습이기도 하다.

영원함을 느끼는 바로 그 순간은 인생에서 중대한 전환점이 될 것이다. 그 순간에 이르기까지는 엄청난 수련이 필요하지만, 뉴에이지 사상을 맹신하는 사람들은 지름길을 통해 쉽게 도달할 수 있다면서 여러분을 설득하려 한다. 하지만 분명히 말하건대 절대로 지름길은 없다.

오늘은 내면의 세계로 들어가보자. 15~20분 동안 그 누구에게도 방해받지 않을 만한 조용하고 어두운 장소를 찾아 그곳에서 눈을 감은 채 허리를 바로 세우고 앉아서 천천히 긴장을 누그러뜨리자.

이제 아랫배까지 공기를 채운다는 생각으로 몇 분간 심호흡하면서 숨을 차분히 가라앉히자. 이렇게 하면 마음의 안정을 찾을 수 있고 우리 몸에 흐르는 생체 전류**의 도움을 받을 수도 있다.

심호흡한 뒤에는 제3의 눈으로 초점을 옮겨보자. 이 눈은 두 눈의 중간 지점에서 약간 위쪽에 위치한다. 숨을 들이쉴 때 상상 속의 하얀 빛을 제3의 눈 쪽으로 모으고 내쉴 때는 그 빛

- 20세기 이후 등장한 영적 운동으로 유일신 신앙을 부정하고 개인이나 작은 집단의 영적 각성을 추구함
- 세포 활동을 통해 생성되는 미세 전류로 혈액 순환, 호흡, 소화 등이 원활하게 이루어질 수 있도록 도움

을 앞을 향해 환히 비추자. 이렇게 몇 차례 반복하면서 들어왔다가 나가는 빛의 파동을 느껴보자.

자, 이제는 숨을 내쉴 때 이마 앞쪽 15센티미터 정도 떨어진 곳에 동그란 빛을 띄워 보낸 다음, 숨을 들이쉴 때는 이 빛 뭉치에 안정감을 부여한다는 생각으로 하얀 빛을 더 불어넣어 보자. 그리고 다시 내쉴 때는 제3의 눈에 자리하고 있던 의식을 동그란 빛 쪽으로 옮긴 뒤 들이쉴 때는 의식이 제3의 눈 쪽을 향하도록 방향을 돌려보자.

의식을 이마 앞쪽에 떠 있는 빛에 둔 채로 몇 분간 머물러 보자. 지금 여러분의 의식은 동그란 빛에 머무르는 상태로 제3의 눈을 바라보고 있다. 이때 주의가 쉽게 흐트러질 수 있는데, 오랫동안 집중하려면 어느 정도 훈련이 필요하다. 의식이 비추는 밝은 빛을 통해 내면의 세계를 들여다보고 여러분이 지금 무엇을 보고 있는지 살펴보자.

수련을 마무리할 즈음에는 숨을 들이쉬며 의식을 다시 제3의 눈 쪽으로 옮기고 하얀 빛을 빨아들인 뒤, 내쉴 때는 빛이 사방으로 퍼지도록 내뿜어보자. 시선은 계속해서 제3의 눈 쪽에 맞추고 이곳으로 몇 분간 에너지를 한껏 빨아들여보자.

그리고 마지막으로, 왼손 손바닥을 이마에 갖다 대고 오른손을 그 위에 포갠 뒤 천천히 호흡을 가다듬으면서 수련을 끝내자. 그런 다음 두 눈을 뜨고 어떤 기분이 드는지 느껴보자.

DAY

91

스트레칭하기

오늘은 몸에 쌓여 있는 긴장을 풀어보자.

스트레스를 제때 풀어주지 않으면 몸속에 고스란히 쌓이고 수십 년간 방치하면 결국 그 안에서 영원히 자리를 잡는다. 스트레스는 목과 엉덩이와 허리, 혹은 허벅지에 누적되었을지도 모른다.

여러분의 몸은 어쩌면 목이 너무 앞으로 쏠려 상부 승모근이 과도하게 경직되어 있거나 너무 오래 앉아 있어 골반이 한쪽으로 기울어져 있을 수도 있다. 아니면 코어 근육●이 약해진 상태에서 달리는 바람에 무릎이 손상되었을 수도 있다.

우리의 몸은 이렇게 다양한 형태의 물리적 트라우마를 겪

● 척추를 지지하여 자세를 잡아주는 근육의 통칭으로 복부, 등, 엉덩이, 골반 근육이 이에 해당함

고 있다. 하지만 안타깝게도 우리는 이에 대해 거의 신경 쓰지 않는다. 물론 마사지를 받거나 더 심할 때는 물리 치료를 받으면 통증을 어느 정도 해소할 수는 있지만, 이는 근본적인 대책이 아니다. 즉, 몸에 쌓인 스트레스를 제때 풀지 않으면 늘 고통을 안고 살아갈 수밖에 없다.

스트레칭은 스트레스를 덜어낼 수 있는 좋은 방법이다. 우리는 스트레칭을 할 때마다 시간 여행을 떠날 수 있다. 예전에 겪었던 사건, 충격, 스트레스 요인으로 돌아가서 이로 인해 쌓였던 피로를 풀어낼 수 있기 때문이다. 스트레스는 충격을 받을 때마다 몸속 구석구석에 쌓일 뿐 자동으로 풀리지는 않기 때문에 근육에 새로운 자극을 가하지 않는 한 트라우마는 몸속에 그저 쌓이기만 한다.

하루 중 단 몇 분간 스트레칭하는 것만으로도 큰 변화를 경험할 수 있다. 컨디션이 너무나도 안 좋다면 마사지를 받거나 침을 맞거나 혹은 정형외과에 가서 물리 치료를 받는 것도 고려해볼 만하지만, 오늘은 우리의 손으로 직접 스트레스를 풀어보자.

우선 천천히 심호흡하는 것도 큰 도움이 된다. 그리고 뻐근한 부위를 중심으로 스트레칭하거나 가볍게 펴는 운동을 하면 그 안에 갇혀 있던 스트레스와 트라우마를 배출하는 데 효과적이다.

피로가 쌓인 근육은 관성처럼 작용하며 우리가 활기차게 생활할 수 없도록 방해한다. 우리는 스트레칭을 통해 몸속에

간혀 있던 에너지를 배출하고 눈앞의 일에 더 쉽게 몰입할 수 있다. 그리고 이를 통해 우리 몸을 더욱 잘 가누고 컨디션이 현재 어떤지도 잘 파악할 수 있다. 일단 근육을 풀어주면 기분이 한결 나아질 뿐 아니라 어떻게 이런 상태까지 오게 되었는지를 파악하고 다음에는 이런 일이 없도록 예방할 수 있다.

스트레스를 제때 풀어야 묵은 체증을 해소하고 가벼운 마음으로 살아갈 수 있다. 따라서 스트레칭은 시간을 들여서 할 만한 충분한 가치가 있다.

우선, 상체를 앞으로 구부려 허벅지 근육을 스트레칭하는 것부터 시작해보자. 몇 분간 반복한 뒤에는 한쪽 무릎을 굽혔다 펴는 런지 동작을 통해 허벅지 근육을 스트레칭하자. 왼쪽과 오른쪽 각각 2분씩 실시한다. 그러고 나서 한 손으로는 벽을 짚고 1분 동안 바깥쪽으로 가슴을 편 후 반대 방향으로도 실시한다. 그런 다음 한 방향으로 목을 돌리고 반대 방향으로도 돌리자. 그리고 뻣뻣하거나 뻐근한 부위를 편안한 자세로 천천히 스트레칭해보자.

그밖에도 뻣뻣하게 느껴지는 곳이 혹시 더 있는지 살펴보고 그 부위를 중심으로 스트레칭하자. 스트레칭이 필요한 부위가 어디인지는 여러분이 가장 잘 알 것이다. 더 큰 문제가 생길 때까지 방치하지 말고 반드시 시간을 내서 몸의 이곳저곳에 쌓인 스트레스를 풀어주자.

DAY

92

과거의 상처 치유하기

과거에 겪었던 어떤 충격적인 사건이 시간이 한참 지난 후에
도 여전히 정신적인 고통을 안겨주는 경험을 해본 적 있는가?
뇌리(그리고 몸속 세포)에 각인된 기억은 우리를 쉽게 놔두지 않
는다. 인생이 만약 플러스 부호(+)로 이루어진 하나의 선이라
고 한다면 충격적인 사건을 겪은 후의 인생은 온통 마이너스
부호(-)로 뒤집히게 되는 것이다.

　다시는 떠올리고 싶지 않은 기억이 있다면, 눈을 감고 그
일을 겪은 후의 삶이 어떠했는지 떠올려보자. 그 일을 겪고부
터 지금까지 온통 마이너스 부호뿐인가?

　폴란드 태생의 논리학자인 알프레드 코르지프스키Alfred
Korzybski는 자신의 저서 《Science and Sanity 과학과 건전한 정신》에서 이
문제를 다뤘다. 그는 과거에 불행한 일을 겪었다면 그때, 그 장
소로 거슬러 올라가서 마음의 상처를 치유해야 한다고 주장한

다. 그때의 기억을 어떻게 되살려야 할지 막막하다면 우선 감정이 이끄는 대로 따라가보자. 과거로 돌아가서 그때 경험했던 그 사건이 어떤 감정을 불러일으키는지 느껴보자. 이 과정이 즐거울 수는 없지만 그래도 피하지 말고 정면으로 마주하자. 그리고 그런 감정이 끓어오르는 곳으로 숨을 불어넣는다고 상상하며 호흡해보자. 계속해서 머릿속에 맴도는 기억은 무엇인가?

시간이 흘렀는데도 여러분은 아직 그때, 그 장소에 머물러 있다. 아마 수시로 발목을 잡는 과거의 기억 때문에 에너지를 쓸데없이 낭비하고 당장 눈앞의 일에 제대로 집중할 수 없을 것이다. 온정신이 과거에 갇혀 있는데 어떻게 현재를 살고 미래를 준비할 수 있겠는가?

이는 반드시 바로 잡아야 할 잘못된 습관이다. 이제 어떤 기억이 머릿속에서 떠나지 않는지 잘 생각해보자. 어떻게 해야 그때의 상처를 치유할 수 있을까? 마음속으로 시간 여행을 떠나서 그때 그 장소로 여러분을 데려간 뒤 무슨 일이 있었는지 들여다보자. 그리고 결정적인 장면이 등장할 때 일시 정지한 뒤 온통 사랑의 감정으로 덧칠하고 그 내용을 여러분이 원하는 방향으로 각색해보자. 절대 어렵지 않은 일이다. 과거로 돌아가서 무례했던 그 사람들을 용서하고, 자신을 치유하며, 장면 장면을 새로 편집해서 완전히 다른 기억으로 재탄생시켜보자. 이를 통해 그 기억에 얽매여 있던 자신을 해방해 현재에 충실한 삶을 살아가자.

기억을 끄집어내다 보면 가슴에 큰 상처를 남겼던 특정 사건과 유사한 일들이 여럿 떠오를 수도 있다. 이들 역시 반드시 치유해야 한다. 기억을 떠올리고 치유하는 과정이 순탄치는 않겠지만, 성공한 뒤에는 마음이 무척 가벼워질 것이다. 그리고 일단 익숙해지고 나면 또 다른 불쾌한 기억들도 샅샅이 찾아내서 좋은 기억으로 재편집할 수 있다.

엄청난 숙제처럼 보일지도 모르지만 매일 고통스러운 기억을 안고 사는 것보다는 훨씬 쉬운 일이다. 이제 과거로 돌아가서 마이너스 부호를 플러스 부호로 모조리 바꿔놓자. 가벼운 마음으로 오늘 하루에 충실해지고 싶다면 말이다.

DAY

93

자연 친화적인 생활 습관 기르기

여러분은 세상을 떠난 뒤에 어떤 일이 일어날지에 대해 생각해본 적 있는가? '너희는 꽃을 피우리라'라고 하는 오래전부터 전해져오는 속담이 있다. 사후에 땅에 묻히고 나면 뼈를 제외한 모든 부분이 분해되어 다른 생명체들에 영양분을 제공한다. 물론 최근에는 관 주위를 콘크리트로 둘러싸거나 화장하는 경우가 많지만, 자연의 법칙에는 변함이 없다.

생을 다하면 모든 것이 끝을 맺는다. 우리의 영혼은 돌아가지만, 육신은 이승에 남아서 주변의 모든 생명체의 먹이가 된다. 박테리아며 단세포 생물, 선충, 바이러스에 이르기까지 땅속에 사는 온갖 생명체가 우리 몸을 먹어치우며 산산이 분해한다. 조금 소름 끼칠지는 몰라도, 있는 그대로를 이야기하는 것뿐이다.

언젠가 죽음을 맞이할 수밖에 없는 우리의 현실을 어떻게 받아들여야 할까?

잠시 하던 일을 멈추고 우리에게 주어진 시간에 감사해보자. 이 세상은 내일 당장 산산이 조각날 수도 있고, 누구든 버스에 치여 숨을 거두게 될지도 모른다. 죽음은 언제나 우리 주변에서 몸을 도사린다. 그런데 여러분은 지금 어떤 삶을 사는가?

죽음에 대해 생각한다고 해서 우울해할 필요는 없다. 이보다는 여러분이 누리는 지금을 어떻게 해야 알차고 즐겁고 의미 있게 보낼 수 있을지 생각하는 것이 훨씬 유익하다.

그런데 이런 이야기가 꽃과는 대체 무슨 관계가 있을까? 매우 깊은 관계가 있다. 영면에 들었을 때 여러분의 몸이 얼마나 깨끗한 상태일지 한번 상상해보자. 수은 등 자연에 해로운 화학 물질로 가득 차 있지는 않을까? 그리고 여러분의 무덤 위에서 피어날 꽃들은 이런 물질을 빨아들이며 성장할 텐데 그래도 괜찮은가? 그런 해로운 물질을 흡수해서 과연 꽃을 제대로 피울 수나 있을지부터 의문이다.

세계가 화학 분야에서 '혁신'을 이루기 전, 우리가 먹고 생산하고 몸에 걸치는 모든 것들은 모두 자연의 산물이었다. 따라서 이는 우리에게는 물론 환경에도 전혀 해롭지 않았다. 그러나 요즘은 하루가 멀다고 유해 물질이 쏟아진다. 여러분의 배설물이 환경에 나쁜 영향을 주지 않으리라고 장담할 수 있는가?

이제는 이런 문제를 심각하게 받아들이고 변화를 꾀해야

할 때다. 여러분이 건강한 음식을 먹으며 입고 쓰는 것 또한 자연에서 얻은 것들을 활용한다면, 몇 달 안에 두뇌와 간, 그리고 뼈에 잔뜩 쌓여 있던 독성 물질들을 몸 밖으로 완전히 몰아낼 수 있다. 몸이 깨끗해지고 나면 얼마나 상쾌한 기분이 들까? 그리고 지구와 우리의 자손에게 얼마나 좋은 영향을 주게 될까?

여러분은 따로 떨어져 있는 존재가 아니라 생태계 일부이다. 세상을 떠난 뒤 어떤 흔적을 남기게 될지, 그리고 어떻게 해야 몸속에 쌓인 오염 물질을 깨끗이 씻어낼 수 있을지 곰곰이 생각해보자. 방법은 매우 간단하다. 화학 물질을 몸에 걸치거나 섭취하지 않으면 된다. 여러분이 남긴 흔적 때문에 지구상의 많은 생물이 괴로움을 겪는 일이 없도록 하려면 당장 무엇을 해야 할까?

여러분은 결국 어떤 발자취를 남기고 세상을 떠날 것이며 여러분의 무덤에서 피어나는 꽃은 어떤 모습일까?

오늘은 생활 방식을 근본적으로 개선해보자. 여러분의 몸에 들어가는 것부터 입는 것까지 모조리 자연 친화적인 것으로 바꾸자. 그래야만 지구를 더 살기 좋은 곳으로 변화시킬 수 있다.

DAY

94

진정한 나를 발견하기

사람들에게 영원불멸이 무슨 뜻인지 아느냐고 물어보면 대부분 "당연히 알지요. 천국, 사후 세계, 열반…. 뭐 이런 거 아닌가요?"라고 쉽게 대답한다. 오늘은 차분히 마음을 가라앉히고 영원불멸의 의미에 대해서 깊게 생각해보자.

사실 영원불멸이 무엇인지 명확히 정의 내리려고 하는 것 자체가 크나큰 도전이다. 우리는 어떤 개념에 대해 정의할 때 최대한 구체적으로 서술하려고 한다. 그래야 의사소통하는 과정에서 문제가 발생하지 않기 때문이다. 이를 위해서는 정의하고자 하는 대상과 다른 개념의 경계를 분명하게 나타내야 한다.

자 그럼, 무한함이라는 개념과는 어떤 관계가 있을까?

영원불멸은 무한함을 내포한다. 무한함의 기호는 ∞이며 이 기호는 시작도 끝도 없이 계속 이어진다. 잠시나마 속도를 늦추거나 멈춰서 자신의 모습을 온전히 드러내지 않는 대상은 정의하기 어렵다. 마치 바람을 손에 쥘 수 없는 것처럼 말이다.

결국, 우리는 고대의 사람들이 말한 영원이라는 개념의 정확한 뜻을 추정해보는 수밖에 없다. 그들이 말한 영원은 시간과 공간이 존재하지 않는 어딘가이다. 여러분이 그곳을 어디라고 생각하든 그곳은 영원하며 가능성으로 가득 찬 곳이다. 이런 이야기를 할 때 우리는 의미론적인 난관에 부딪히고 만다. 과연 우리는 자신이 지금 무슨 말을 하고 있는지 이해하고는 있는 것일까?

어쨌든 영원불멸이란 끝이 없는 것을 의미한다. 오늘은 이 개념에 대해 한번 생각해보자. 만약 영혼이나 의식이 영원하다고 가정한다면 이는 무엇을 의미하는가? 그것은 바로 끝이라는 것이 없음을 뜻한다. 여러분은 지금까지 그러했듯이 앞으로도 계속해서 존재하겠지만, 시간의 흐름 바깥에 있는 여러분은 시작도 끝도 없이 늘 존재할 뿐이다.

이에 대해서 한참 동안 깊이 있게 생각해보자.

우리는 많은 것들을 시간과 공간의 틀 안에서 정의하는 데 익숙하며, 그렇기 때문에 영원불멸은 우리가 도저히 완전하게 이해할 수 없는 개념이다. 영원불멸에 관해 사유할 수 없는 이유는 솔직히 말하면 그곳에 아무것도 존재하지 않기 때문이다. 그렇다고 해서 모든 것이 무無 안에 담겨 있다는 것도, 반대로 무가 모든 것에 담겨 있다는 것도 아니다.

오늘은 무한의 본질에 대해서 깊이 있게 생각해보자. 진정으로 영원하다는 것은 무슨 뜻일까? 만약 여러분이 5000년 후에도 존재한다면 과연 어떤 모습일까? 절대로 죽지 않는다면 세상을 바라보는 관점은 어떻게 바뀔까?

여러분은 자신의 영원한 자아를 어떻게 떠올려야 하며 또 지금의 자신과 어떻게 연결 지어야 할까? 여러분의 육신은 세월이 흐르면 결국 사라질 것이다. 그렇다면 정신, 즉 가슴속에 자리하고 있는 의식은 어디로 가는 것이며, 지금 이 순간에는 어디에 있는가? 여러분은 정신과 어떻게 연결되어야 할까?

내면의 세계로 깊이 들어가서 자신의 거짓된 모습, 자아의 방어기제 너머에 있는 '나'와 연결되어보자. 여러분이 정말로 누구인지 깊이 들여다보자.

여러분이 인생을 살아가면서 반드시 해야 하는 일은 나를 찾고, 갈고닦은 뒤 나 자신과 단단하게 연결되는 것이다. 영원한 자아가 바로 여러분이 그토록 애타게 찾던 보물이며, 그 보물은 여러분 안에 있다. 마음속에 자리 잡은 거짓됨을 잠재워야 비로소 진정한 나를 발견할 수 있다. 오늘 반드시 시간을 내서 이에 대해 성찰해보자. 여러분과 시간의 관계가 달라질 것이다.

자신의 진정한 모습은 시간이 흘러도 절대 변하지 않는다.

DAY

95

창의력 발휘하기

창의력을 발휘하기가 얼마나 어려운지 느껴본 적 있는가? 대개는 어떤 영감이 떠오를 때까지 충분한 시간을 두고 기다려야 하지만, 당장 창의력을 발휘하려면 무엇부터 시작해야 할까? 오늘은 이에 관해서 이야기해보려고 한다.

창의성은 우리가 가슴을 열고 제3의 눈을 떠야만 비로소 그 모습을 드러낸다. 그리고 새로운 것을 창조하는 힘은 몸과 마음이 편안한 상태일 때 발휘된다. 따라서 스트레스를 받는 상황에서는 창의성을 기대할 수 없다. 피로가 쌓이고 우울감이 생기기 때문이다. 하지만 안타깝게도 많은 사람이 매일 스트레스에 시달린다.

또 다른 문제는 어떤 대상을 세심하게 있는 그대로 보고 듣고 느끼려는 마음가짐을 갖지도 않으면서 창의적인 사람이 되려고 애를 쓴다는 것이다. 창의성이란 마음 먹는다고 가질 수 있는 능력이 아니다. 창의성이 여러분의 머리와 가슴속에서 스스로 꽃을 피울 수 있는 환경을 만들어줘야 한다. 따라서 '자, 이제부터 창의력 모드로 들어가보자'고 이야기하는 것은 애초부터 말이 안 된다. 이제 긴장을 풀고 마음을 비운 뒤 창의력이 그 안에서 샘솟게 해보자. 물론 시간이 조금 걸릴 수도 있지만, 이를 통해 여러분은 평소와는 질적으로 다른 시간을 경험하게 될 것이다.

아래의 설명대로 수련해보자.

먼저 공기를 단전(배꼽의 7~8센티미터 아래에 있는 몸속의 둥근 공간)까지 채운다는 생각으로 2~3분 동안 몇 차례 심호흡을 한 뒤 호흡하는 속도를 점차 늦춘다. 이렇게 아랫배를 부풀렸다 집어넣었다 하면서 공기가 몸의 중앙부를 지나고 있음을 느낀다.

그다음, 숨을 들이쉴 때마다 심장이 서서히 뜨겁게 달아오르고 내쉴 때마다 그 열기가 온몸으로 퍼지고 있다고 상상하며 입가에 미소를 띈다. 눈은 계속 감은 상태에서 몇 분 동안 몸 전체를 달군 후 느리고, 깊고, 의미를 담은 호흡을 통해 여러분의 가슴을 부드럽게 어루만지자.

자, 이제는 같은 방식으로 호흡하되 눈을 뜨고 이리저리 걸어보자. 지금 이 기분을 유지하면서 주변에 보이는 모든 것들을 즐기려는 마음가짐으로 계속 미소 지으면서 열기가 몸속을 끊임없이 순환하게 해보자. 이것으로 충분하다. 논리를 개입시키려 하지 말고 지금 이 상태를 편안하게 받아들이자. 그러다가 무엇인가 영감이 떠오르면 조금 더 구체화한 다음에 노트에 기록하거나 휴대폰을 이용해서 음성 메모를 남겨보자.

머릿속에 떠오른 아이디어에 논리라는 잣대를 들이대지 않는 것이 무엇보다 중요하다. 지금까지 소개한 호흡법은 창의적인 사고를 관장하는 우뇌를 깨우는 데 효과가 있다. 좌뇌에서 논리적 사고가 갑자기 들이닥쳐 창의적 사고를 몰아내는 일이 없도록 특히 신경 써야 한다. 창의력은 몸과 마음이 편안한 가운데 자유롭게 생각을 펼칠 수 있을 때 비로소 손에 넣을 수 있다. 따라서 기발한 아이디어가 자연스레 튀어나오게 하려면 반드시 여기에 익숙해져야 한다. 논리적 사고가 문제를 해결하기 위한 중요한 도구인 것은 사실이지만, 너무 많은 전제조건과 제약요소를 고려하다 보면 창조적이고 자유로운 발상을 저해할 수도 있다. 머리가 아닌 가슴으로 생각하고 새로운 생각이 마음껏 꽃피울 수 있는 분위기를 조성한다면 기발한 아이디어는 자연스럽게 떠오를 것이다.

가슴으로 생각하는 습관을 기르고 이 시간을 소중히 여기면 점차 더욱 많은 것을 얻게 될 것이다.

DAY

96

우주의 광활함 깨닫기

우리 조상들은 밤하늘의 별을 바라보며 살았다. 여러분은 언제 마지막으로 밤하늘을 올려다보거나 별들 아래서 잠들어봤는 가? 도시에 사는 사람들은 별들의 모습을 느긋하게 감상하기 는커녕 단 한 번도 보지 않고 생활하는 경우가 많다.

　사람들은 별자리를 소재로 매우 아름다운 이야기를 창조 했으며 실용적 목적으로도 활용했다. 하늘에 떠 있는 별들은 씨앗을 뿌리고 농작물을 수확해야 할 시점이 언제인지, 그리고 항해할 때 노를 어느 방향으로 저어야 할지를 알려주었을 뿐 아니라 종교의식의 근간이 되기도 했다. 이처럼 별들은 한때 우리 생활 속에서 많은 역할을 했지만, 이제 밤하늘은 TV 영 상을 통해 간접적으로 접하는 경우가 많다. 슬픈 일이 아닐 수 없다.

　오늘 밤에는 밖으로 나가서 하늘을 올려다보자. 조명이 밝은 도시에 살고 있다면 집에서 볼 때보다 조금이라도 더 많은 별을 볼 수 있는 곳으로 가보자. 적어도 30분 이상 밖에서 시간을 보내야 하니 추운 날씨라면 따뜻한 옷도 챙기자.

바닥에 앉거나 허리를 쭉 펴고 누워서 주변에 떠 있는 별들을 바라보자. 별자리를 찾아봐도 좋고 밤하늘의 풍경을 있는 그대로 즐겨도 좋다. 숨을 아랫배까지 채운다는 기분으로 심호흡한 뒤, 새로운 별을 볼 때마다 한 번씩 들이쉬고 내쉬는 식으로 리듬감 있게 숨을 쉬어보자.

여러분이 오늘 밤에 수련해야 할 내용은 별자리 세 개를 발견하는 것이다. 별자리 관련한 다양한 앱이 나와 있으니 한번 이용해보자. 나는 스타워크Starwalk라는 앱을 즐겨 이용하는데, GPS가 연동되어 별을 실시간으로 쉽게 찾아볼 수 있다. 별자리를 발견한 다음에는 각 별자리에 어떤 전설이 있는지 검색해보고 별자리에 속한 별들의 이름을 하나하나 익혀보는 것도 좋다.

여기서 반드시 짚고 넘어가야 할 놀라운 사실은, 하늘에 떠 있는 별들의 모습은 현재가 아닌 과거의 모습이라는 것이다. 각 별이 뿜어낸 빛이 지구에 도달하기까지는 수백만 년이 걸린다. 따라서 여러분은 별들의 수백만 년 전 모습을 보는 것이나 마찬가지다. 반면 인류가 지구상에 등장한 것은 그보다 훨씬 최근의 일이다. 그리고 여러분은 기껏해야 수십 년 전에 태어났을 것이다. 우주는 수십억 년 전에 탄생한 것으로 알려져 있다. 어두운 밤하늘을 올려다보면서 이 광활한 시간과 공간속 어딘가에 여러분이 자리하고 있다는 사실에 대해 한번 생각해보자. 우주는 너무나도 커서 우리의 머리로는 도저히 이해할 수 없지만, 엄연히 존재한다. 하늘이 맑다면 동서남북 어느 방향에서든 광대하고 경이로운 우주의 모습을 바라볼 수 있다.

여러분은 엄청난 크기의 우주에 둘러싸여 있으며 지금 이 순간 여러분의 시야에 들어온 빛은 먼 옛날 아주 멀리 떨어진 곳에서 출발한 것이다. 여러분은 밤하늘을 보는 것만으로 별들이 자아내는 아름다운 풍경을 감상할 수 있을 뿐 아니라 우주의 유구한 역사도 느껴볼 수 있다. 오늘 직장 상사가 여러분에게 쏘아붙인 한 마디 때문에 마음 상했을지는 모르지만, 이는 지금 눈 앞에 펼쳐진 광활한 우주에 비교하면 얼마나 하찮고 소소한 일인가?

잠시 시간을 내서 오늘 여러분이 겪었던 문제가 광대한 우주에 비교해 얼마나 대수롭지 않은 일인지 생각해보자. 무슨 일이든 너무 심각하지 받아들이지 말고 긍정적으로 생각하면서 즐기는 마음으로 인생을 살아보면 어떨까?

DAY

97

시선 맞추기

예전에는 대화할 때 서로 눈을 마주치는 일이 많았다. 사람들은 서로 만나면 수많은 비언어적 메시지를 주고받았고, 그중에서 눈 맞춤은 큰 비중을 차지했다. 눈은 마음의 창이기 때문에 상대방이 지금 어떤 감정을 느끼고 있는지 또는 믿을 만한 사람인지는 눈빛을 보면 금세 알 수 있다.

그러나 요즘에는 비언어적 커뮤니케이션이 거의 이루어지지 않는다. 우리는 실제로 만나기보다는 온라인상에서 키보드로 대화를 나누는 경우가 더 많다. 심지어 서로 같은 공간에 있어도 온갖 디지털 기기에 정신이 팔린 나머지 시선을 한곳에 두지 못한다. 그 결과 대화는 중간에 뚝뚝 끊기고, 인간관계는 피상적인 수준에 머문다.

우리는 수만 년 동안 서로 얼굴을 마주하고 한데 어울려 살며 진화했다. 그런데 이제는 인터넷이 사람들 사이에 떡하니 자리를 차지하고 있다. 그 어떤 문명의 이기도 살가운 접촉과 눈빛을 통한 커뮤니케이션을 완전히 대체하지는 못한다. 세상이 변했다고 하더라도 반드시 우리까지 그렇게 되어야 하는 것은 아니다. 인간다움을 찾는 것은 그리 어렵지 않다. 천천히 사람들에게 다가가서 진심 어린 눈빛으로 대하면 된다. 주변 사람들에 대해 한번 깊이 생각해보자. 그들의 내면에는 여러분이 말과 행동을 통해 알게 된 것보다 더 많은 모습이 숨어 있다. 그것이 그들의 진짜 모습이다.

오늘은 반드시 사람들과 시선을 맞춰보자. 눈으로 레이저를 쏘거나 상대방을 불안하게 만들라는 뜻은 아니다. 편안하고 진실 어린 눈빛과 따뜻한 미소로 대하라는 것이다. 친근한 말한마디를 건네는 것도 자연스러운 분위기를 형성하는 데 도움이 된다. 이렇게 하다 보면 하루 동안 많은 것을 깨닫게 될 것이다.

어떤 사람들은 여러분의 시선을 불편해할 수도 있다. 이런 경험을 하면 노트에 기록하되, 그만두지는 말자. 한편, 여러분의 적극적인 태도로 인해 좋은 영향을 받은 사람들은 인생에서 진짜 중요한 것이 무엇인지를 깨닫기도 할 것이다. 어쩌면 몇몇 사람들은 엄청난 감동을 하고 눈시울을 붉힐 수도 있다. 얼마나 오랫동안 다른 사람과 교감을 하지 못했는지에 따라 반응은 천차만별일 것이다.

여러분의 존재를 잊고 아무렇지 않게 살던 사람들은 갑작스러운 행동에 깜짝 놀랄 수도 있다. 이제라도 다시 그들과 함께하면 되니 그동안 잊혔다는 사실에 너무 놀라지 말자.

시선 맞추기는 여러분 인생에 활기를 불어넣을 수 있을 뿐 아니라 사람들과 정서적 유대를 쌓을 수 있다. 이는 일상의 스트레스를 덜어낼 수 있는 훌륭한 방법이자 사람들과 진심을 나눌 좋은 기회이기도 하다. 오늘은 시간을 충분히 할애해서 사람들과 눈을 맞추며 하루를 보내보자. 그리고 그 과정에서 여러분이 깨닫게 된 사실을 노트에 기록해보자.

그들의 내면을 살피다 보면 전혀 예상치 못한 존재를 발견하게 될 것이다. 바로 여러분 자신이다. 상대방을 진정으로 사랑하고 인정하다 보면 자신의 진짜 모습을 발견할 수 있다. 오늘은 사람들과 정서적 교감을 나누고 동화되어보자. 여러분은 마법처럼 시간을 멈추고 신비로운 시공간을 경험하게 될 것이다. 자, 이제 직접 체험해보자.

DAY

98

따분함 극복하기

여러분은 살면서 따분함을 느껴본 적 있는가? 오늘은 이에 대해서 깊이 있게 생각해보자. 따분함(권태)은 시간과의 관계가 잘못되면서 발생하는 문제일 수 있기 때문이다. 따분함을 느끼는 사람 중 대다수는 너무 오랫동안 자신의 욕망을 억누른 나머지 무미건조한 인생의 늪에 빠진 채 산다고 느낀다. 어쩌면 여러분은 어린 시절 밖에 나가서 친구들과 놀고 싶었지만, 부모님의 강요로 가만히 앉아 피아노 연습을 해야 했을 수도 있다. 이런 기억을 떠올릴 때마다 왠지 모를 억울함을 느끼지만, 성인이 되어서도 야외 활동을 즐기기는커녕 카드값이며 공과금 낼 돈을 버느라고 온종일 일만 하다가 밤에는 곯아떨어지는 삶을 살고 있을 수도 있다. 그 결과 점점 더 의기소침해지고 무엇을 보더라도 전혀 감흥을 느끼지 못하게 됐을지도 모른다. 이는 많은 사람이 흔하게 겪는 문제다.

오늘은 여러분이 하고 싶은 것을 찾은 뒤, 그것이 무엇이 됐든 인생을 살아가면서 꾸준히 즐길 방법을 한번 찾아보자. 여러분은 어릴 때 무얼 하는 것을 좋아했는가? 어디에 가는 것을 좋아했으며, 그 이유는 무엇인가? 감동과 호기심을 불러일으키거나 여러분을 웃게 했던 것은 무엇인가? 어릴 때 좋아했던 것들이라면 아마 지금도 여전히 좋아할 것이다.

여러분에게 진정으로 즐거움을 주는 게 무엇인지 생각해본 뒤 이를 즐겨본 적이 마지막으로 언제였는지 헤아려보자. 예술과 관련된 것이었나? 아니면 스포츠나 요리와 관련된 것이었나? 어쩌면 지난 수십 년 동안 단 한 번도 해보지 않은 경우도 있을 것이다. 어른이 되어 바쁜 일상에 치이다 보면 어쩔 수 없는 일이다. 사회생활이라는 배에 처음 올라탈 때는 날아갈 듯 기뻤지만, 세월이 흐른 후 정신을 차려보니 마음에 안 드는 사람들과 외딴 섬에 정박해 있는 자신의 모습을 보고 갑갑함을 느낄 수 있다. 이럴 때 우리는 피로와 외로움을 경험하며 심할 경우 권태를 느낀다. 따분함이란 우리의 마음이 시간의 흐름 속에서 제대로 자리 잡지 못하고 겉돌기 때문에 벌어지는 현상이다. 그러나 그 어떤 열정도 없이 인생을 무의미하게 흘려보내는 것만큼 어리석은 일은 없다.

여러분에게는 열정을 되살릴 수 있는 무언가가 필요하다. 예전에는 무엇이 그 역할을 했는가? 어떻게 해야 여러분의 인생에 즐거움을 주는 무엇인가를 발견하고 그것을 즐길 시간을 마련할 수 있을까? 어디까지나 여러분이 어떻게 하느냐 달렸다. 물론 생계를 유지하기 위해 많은 시간을 일터에서 보낼 테지만, 여러분이 마음만 먹으면 열정을 되살릴 무엇인가에 투자할 시간도 얼마든지 확보할 수 있다.

그렇다면 좋아하는 것은 어떻게 찾아야 할까?

이를 위해서는 끊임없이 탐색하고 스스로 물어봐야 한다. 그리고 새로운 것에 도전해보면서 진정으로 좋아하는 일인지 아닌지를 직접 확인해야 한다. 마치 외계인이 된 것처럼 모든 것을 새롭고 객관적으로 바라보고, 현실적인 제약 사항은 일단 무시하자. 오래전부터 하고 싶었던 것을 하며 살아갈 수 있다면 얼마나 행복할지 한번 상상해보라. 자, 이제부터라도 열심히 노를 저어서 꿈에 그리던 생활을 향해 나아가보자.

오늘은 잠시 시간을 내서 예전에 여러분이 무엇을 할 때 즐거움을 느꼈는지 찬찬히 생각해보고 떠오른 것들을 노트에 적어보자. 따분함은 우리의 마음이 시간의 흐름 속에서 안정을 찾지 못하고 있음을 보여주는 징후다. 한때 열정을 쏟았던 그 무엇인가를 찾아서 다시금 즐거움을 느껴보자.

DAY

99

기다림에 대한 관점 바꾸기

자, 이제 시간에 대한 태도를 근본적으로 바꾸게 될 것이다. 앞으로는 절대로 누군가를 혹은 무엇인가를 기다리지 않아도 되는 방법을 배우기 때문이다.

우리 주위에서는 언제나 예상하지 못했던 일이 발생한다. 교통 정체는 늘 겪게 되는 문제이며, 이 때문이든 아니든 사람들이 약속 시각을 어기는 경우는 다반사로 일어난다. 이렇듯 우리가 사는 세상은 완벽하지 않으므로 하루하루가 언제나 계획하거나 예상한 대로 흘러가지는 않는다.

우리는 약속 장소에 제때 나타나지 않는 누군가를 기다리게 되면 보통 어떻게 행동하는가? 대부분의 사람이 기분이 상해서 한숨 쉬거나 속으로 불평하며 안절부절못하기 일쑤다.

하지만 이렇게 행동한들 과연 무슨 도움이 될까?

오늘은 기다릴 '기회'가 생길 때마다 긍정적인 관점에서 사고하고 행동해보자. 예를 들어, 식당에서 음식을 주문했는데 준비하는 데 시간이 좀 걸린다고 하면 짜증내지 말고 '그래 잘 됐어! 이 우주가 나에게 시간을 선물해줬구나!'라고 생각해보는 것이다. 우리가 선물 받은 시간은 아래와 같은 용도로 활용할 수 있다.

- 동석한 사람과 좀 더 오붓하게 이야기 나눌 기회
- 심호흡하면서 몸과 마음의 긴장을 풀 기회
- 생각난 것들을 메모할 기회
- 오디오북이나 팟캐스트를 들을 기회
- 무엇인가에 대해 생각해 볼 기회

자신에게 주어진 시간에 대해서는 반드시 주인 의식을 가져야 한다. 다시는 어떤 누군가가 또는 상황이 여러분의 시간을 좀먹도록 그냥 내버려 두지 말자. 그렇다고 해서 깨어있는 시간을 모조리 일하거나 무언가를 바쁘게 하면서 소진하라는 말은 아니다. 이처럼 관점을 조금만 바꾸면, 더는 기다림을 불안함의 동의어로 받아들이지 않고 지친 몸과 마음을 달래기 위해 '발견한 시간'으로 여길 수 있을 것이다.

어디까지나 여러분에게 주어진 시간인 만큼 주인 의식을 가지고 능동적으로 활용하는 습관을 유지하며 살아가자.

DAY

100

시간 투자 효과 극대화하기

투자 수익률^{Return On Investment}, 줄여서 ROI라고 하는 비즈니스 용어가 있다. 기본 개념은 단순하다. 어떤 일을 하기 위해 투입한 자본의 양에 비교해 성과를 얼마나 거뒀는지를 확인하는 것이다. 오늘은 이러한 ROI를 시간의 관점에서 생각해보자. 여러분은 무슨 일을 하는 데 시간을 쏟았으며, 성과는 만족할 만한가?

그리고 그 성과가 오래전부터 품어왔던 소망과 목표와 관련된 것인지 되짚어보자. 자신에게 주어진 시간 대부분을 무엇을 하는 데 투자하고 있고, 그 일은 여러분의 목표를 이루는 데 얼만큼 보탬이 되는가? 시간이 흐를수록 여러분이 생각하는 이상적인 모습에 조금씩 다가가고 있다고 생각하는가, 아니면 그 반대인가? 만약 원하는 결과를 얻는 데 전혀 도움이 되지 않는 방향으로 시간을 낭비하고 있다면 대대적인 개선이 필요하다. 오늘은 무슨 일을 하면서 시간을 보냈는지, 내일은 오늘보다 더 짜임새 있게 보낼 수는 없을지 한번 생각해보자.

오늘 하루 동안 했던 일들을 모두 노트에 적은 뒤 이 중에서 꿈을 이루는 것과 전혀 상관없는 일에는 따로 표시해보자. 담배를 피우거나 패스트푸드를 먹는 것처럼 건강에 도움 되지 않는 일이 대표적인 예다. 그런 다음에는 그다지 내키지 않았던 일, 다시 말해 삶의 질을 떨어뜨리는 일이 무엇이었는지 생각해보자. 앞으로도 이런 일들을 계속해야 할까? 물론 당장은 달리 방법이 없을지도 모르지만, 인생을 즐겁게 살아가기 위해서 향후 조금씩이라도 덜어낼 수 없을지 고민해봐야 한다. 물론 하던 일을 그만두라는 것도, 사랑하는 사람들이 중요하게 여기는 행사에 참석하지 말라는 것도 아니다. 단지 좋아하지도 않는 일에 에너지를 쏟아부었던 지금까지의 관성을 깰 수는 없을지 한번 생각해보자는 것이다.

그다지 달갑지 않은 일을 하느라 낭비했던 시간을 다시 거둬들일 수는 없을까? 예를 들어, 출퇴근할 때 길에 뿌렸던 시간은 어떻게 해야 생산적으로 쓸 수 있을까? 뭔가 생산성 있는 활동을 하거나, 운동 삼아서 자전거를 타는 것도 고려해볼 만하다.

오늘은 여러분이 하는 일들이 앞으로도 지속할 만한 가치가 있는지를 성취감, 즐거움, 건강, 금전적 효과 등 여러 가지 관점에서 생각해보자. 우리는 돈을 벌기 위해 일을 한다. 더 큰 성과를 거두려면 그만큼 충분한 시간과 에너지가 필요한데, 어떻게 하면 이 두 가지 모두를 극대화할 수 있을까?

이를 위해서는 운동만 한 것이 없다. 운동하면 활력을 증진할 수 있고 이로 인해 더 많은 시간 동안 일에 몰입할 수 있기 때문이다. 그렇다면 어떻게 해야 운동 효과를 크게 늘릴 수 있을까? 강도 높은 운동을 통해 근육량과 지구력을 키우는 것이 단순히 러닝 머신 위에 올라가서 TV를 보며 천천히 걷는 것보다 훨씬 더 효과적이다. 오늘은 이처럼 투입한 시간에 대한 ROI를 최대화할 방법으로는 무엇이 있을지 꼼꼼히 살펴보자.

누구나 시간을 효과적이고 효율적으로 보내기를 원한다. 그리고 시간을 어떻게 보내느냐에 따라 앞으로 얻게 될 결과도 크게 달라진다. 지난 몇 년 동안 꾸준히 해오고 있는 일이 있다면 한번 되짚어보자. 그 일을 하는 데 시간을 투자하기를 잘했다고 판단되는가? 아니라면 지금이라도 늦지 않으니 당장 중단하자. 한편, 몇 년 후 오늘을 되돌아본다면 시간을 참 잘 보냈다고 만족할 만한가? 여러분이 지금 하는 일이 먼 훗날 어떤 결과를 낳을지 잘 생각해보자.

'하던 일이니까 또는 해야 하는 일이니까'라는 관성에서 벗어나지 못한다면 앞으로도 계속 시간 부족에 허덕일 수밖에 없다. 관성과 고정 관념에 과감히 도전하며 시간에 대한 주인의식을 가지고 살아간다면 확실히 다른 삶을 얻게 될 것이다.

/

보다 나은 삶을 위해
한 걸음 더 나아가기

시간은 인생을 관통하는 거대하고 강력한 힘이다. 우리는 그 힘 앞에 굴복한 노예가 될 수도 있고 시간을 정복한 사람이 될 수도 있다. 시간을 멈추고 시간이 풍요로운 환경을 조성하는 방법을 익히면 시간 정복자가 되기 위한 매우 중요한 기틀을 마련할 수 있다. 이로써 시간 앞에서 더는 무기력을 느끼지 않아도 되며 우리를 잠 못 들게 했던 온갖 걱정거리를 날려버릴 수 있기 때문이다. 시간적 풍요로움을 누리려면 낭비 요소를 제거하고 몸과 마음의 긴장을 풀 수 있는 여유를 가져야 한다. 그리고 인생을 좀 먹는 생활 방식에서 벗어나 삶을 더 윤택하게 하는 습관을 몸에 익혀야 한다.

이제 100일간 연습을 모두 마쳤으니 예전보다는 시간과 조화를 이룬 느낌이 들 것이다. 여러분은 이 책을 통해 시간을 정복하려면 어떤 마음가짐이 필요한지 알게 됐고 여러 가지 수련도 직접 해보았다. 산더미처럼 쌓여 있는 일을 처리하는 데에만 매이지 말고 시간이 허투루 소모되는 일이 없도록 꼼꼼히 관리해야 한다. 물론 속도가 중요한 일이라면 전력을 다해서 신속히 끝내야 하겠지만, 그렇지 않을 때는 힘을 빼고 속도를 늦출 줄도 알아야 한다. 그리고 자연의 리듬과 호흡을 맞춰 살아가다 보면 시간과 조화를 이루는 데 도움이 된다.

지난 100일간의 연습을 통해 느낀 점을 기록하면서 그 의미를 다시금 음미해보자. 예전보다 삶이 어떻게 그리고 얼마나 달라졌는가? 수련을 시작하기 전까지 잊고 살던 것은 무엇이며, 어떻게 다시 여러분의 인생으로 돌려놓을 수 있었는가?

그리고 이렇게 얻은 깨달음을 앞으로도 매일매일 활용해보자. 어떻게 해야 인생에서 참된 가치를 끌어내고 시간을 가장 든든한 동반자로 삼을 수 있을지 생각해보라. 우리에게 시간이 얼마나 더 남아 있는지는 알 수 없다. 하지만 주어진 시간을 얼마나 가치 있게 보내느냐는 오롯이 우리의 선택에 달려 있다. 여러분 자신과 가족을 위해 그리고 삶의 질을 높이는 경험을 하는 데 시간을 투자하자. 이 책을 지침으로 삼아 인생을 구석구석 바라보면서 한정된 시간 안에서 최대한의 가치를 끌어내도록 노력하자.

이제 시간적으로 풍요로운 삶을 살아가면서 여러분 인생에 생기를 불어넣기를 바란다.

더 많은 깨달음을 얻고 싶다면 이제부터는 이 책을 순서와 관계없이 읽어보기를 권한다. 늘 곁에 두고 매일 아무 챕터나 펼쳐서 읽는 것이다. 이를 반복할수록 책의 내용이 머릿속에 더욱 선명하게 들어오기 때문에 더 많은 가치를 끌어낼 수 있다. 시간적 풍요로움을 얻기 위한 노력을 지속할수록 더욱 활기차고 행복한 인생을 누리게 될 것이다.

페드람 쇼자이

/

나는 지혜를 물려주신 선조들께 말로는 표현할 수 없는 깊은 감사를 드린다. 칼 토튼 박사Dr. Carl Totton는 우연히 그의 쿵후 도장에 다니기 시작했던 젊은 시절부터 지금까지 줄곧 나의 친구이자, 선생님이자, 멘토이자, 지지자가 되어주었다. 토마스 맥컴스 박사Dr. Thomas McCombs는 언제나 내게 훌륭한 가르침과 편안함을 선사해 주었다. 쿵후 그랜드 마스터였던 셰어 루Share K. Lew가 세상을 떠난 뒤에도 그의 정신을 계승한 여러 지도자들이 왕성하게 활동하고 있다. 그리고 나 또한 그 중 한 명이라는 것은 내게 크나큰 영광이다.

아내는 오랜 세월 동안 내게는 든든한 동반자, 아이들에게는 너무나도 멋진 엄마가 돼주었다. 그녀의 도움이 없었더라면 이 책을 쓰는 것처럼 큰 일을 무사히 끝내지 못했을 것이다. 솔Sol과 소피아Sophia는 언제나 영감을 주는 존재이며, 반려동물인 버스터Buster와 선샤인Sunshine은 내게 둘도 없는 친구다.

언제나 나에게 아낌없이 지원해주는 사랑스러운 친구 닉 폴리치Nick Polizzi, 케빈 잔Kevin Gianni, 린 엘리Leanne Ely, 제프 헤이스Jeff Hays, 마이클 로비치Michael Lovitch, 홀리스 카터Hollis Carter, JJ 버진

JJ Virgin, 데이브 아스프리Dave Asprey, 마이클Michael, 그리고 이자벨라 웬츠Izabella Wentz에게는 특별히 고맙다는 말을 전하고 싶다. 서로 함께 할 때 더욱 힘을 낼 수 있으며, 언제나 그들의 든든한 도움을 받을 수 있다는 사실은 내게 큰 영광이다.

다큐멘터리 제작이라는 새로운 길을 열어갈 수 있도록 아낌없이 지원해준 두 사람, 마크 판 베이크Mark van Wijk과 칼 린달Carl Lindahl에게도 고마움을 표현하고 싶다. 가슴 설레는 여행을 함께 해준 정말 멋진 사람들이다. 로렌초 판Lorenzo Phan과 션 리바스Sean Rivas 또한 내게 헤아릴 수 없을 만큼 큰 도움을 주었고 좋은 영향을 미쳤다. 그리고 빌 도지Bill Dodge는 내가 올바른 마음가짐으로 일을 순조롭게 풀어갈 수 있도록 도와주었다. 이 모든 분에게 감사드린다.

그리고 마지막으로 이 모든 것을 가능하게 해준 내 가족 파라드 쇼자이Farhad Shojai, 손볼 쇼자이Sonbol Shojai, 호마 하미디Homa Hamidi, 셰리Shery, 알리Ali, 아르민Armin, 샤라레Sharareh, 그리고 모든 사촌 형제·자매들에게 감사드린다. 가족이 없다면 인생에 무슨 의미가 있을까? 그들이 내게 사랑과 신뢰를 준 덕분에 나는 오늘날 내가 선택한 분야에서 최선을 다하는 사람이 될 수 있었다. 가족 구성원 모두 늘 사랑한다.

시간을 멈추는 기술

초판 1쇄 발행 2018년 6월 20일

지은이 페드람 쇼자이
옮긴이 박종성
발행인 홍경숙
발행처 위너스북
경영총괄 안경찬
기획편집 문주영, 김효단 ·

출판등록 2008년 5월 2일 제 2008-000221 호
주소 서울 마포구 토정로 222, 201호(신수동, 한국출판콘텐츠센터)
주문전화 02-325-8901
팩스 02-325-8902

디자인 디자인 잔
제지사 한솔PNS(주)
인쇄 영신문화사

ISBN 978-89-94747-97-2 03190

이 도서의 국립중앙도서관 출판예정도서목록(CIP)은 서지정보유통지원시스템 홈페이지(http://seoji.nl.go.
kr)와 국가자료공동목록시스템(http://www.nl.go.kr/kolisnet)에서 이용하실 수 있습니다.(CIP제어번호:
CIP2018015429)